사회통합 프로그램
사전평가
단기완성

시대에듀

머리말

PREFACE

최근 한류의 확산과 더불어 한국의 국제적 위상이 높아지면서 한국에 체류하고자 하는 외국인이 증가하고 있습니다. 이러한 이민자들이 한국 사회에 적응하기 위해서는 언어 능력과 사회 이해 능력이 반드시 필요합니다. 이에 대한민국 법무부는 이민자들이 한국어와 한국 문화를 체계적으로 익혀서, 한국 사회에 잘 정착할 수 있도록 '사회통합프로그램'을 실시하고 있습니다.

사회통합프로그램의 단계 중 사전평가는 평가 결과에 따라 몇 단계부터 공부를 시작할지 정해진다는 점에서 매우 중요합니다. 특별한 준비 없이 자신의 평소 실력대로 사전평가에 응시하여 교육 과정을 시작할 수도 있습니다. 하지만 한 단계를 올라가기 위해서는 10주 동안 100시간의 수업을 들은 후 평가를 봐야 하므로 많은 수험생이 사전평가에서 좋은 점수를 얻어 최대한 높은 단계에서 시작하기를 원합니다. 조금이라도 더 높은 단계에서 공부를 시작하여 10주, 100시간 어쩌면 그 이상의 시간을 절약하려면 사전평가에서 좋은 점수를 받는 것이 중요합니다.

사전평가를 준비하는 수험생이 가장 궁금해 하는 것은 사전평가에 어떤 문제가 나오느냐는 것입니다. 법무부에서 사회통합프로그램과 관련된 안내를 하고 있지만 많은 수험생이 무엇을, 어떻게, 어떤 순서로 공부해야 할지 감을 잡지 못해 어려움을 겪고 있습니다. 이러한 수험생의 고민을 덜어드리고자 『사회통합프로그램 사전평가 단기완성』을 출간했습니다. 이 책에는 수년 동안 이민자들에게 한국어와 한국 문화를 가르치면서 깨달은 모든 것을 담았습니다. 그리고 이민자들에게 필요한 정보와 지식을 쉽고 자세하게 풀어내고자 하였고, 수험생이 지루하지 않게 학습할 수 있도록 모든 내용을 컬러로 변경했습니다.

『사회통합프로그램 사전평가 단기완성』은 한국어와 한국 문화, 한국 사회에 낯선 수험생도 쉽게(Easy) 이해하고, 빠르게(Fast) 공부할 수 있도록 사전평가에 자주 출제되는 핵심 이론을 담았습니다. 또한 실전 모의고사 3회분을 수록하여 사전평가의 실제 문제 유형 난이도를 익힐 수 있으며, 자주 나오는 내용은 소책자에 한 번 더 담았습니다.

이 책을 통하여 수험생 여러분이 더 높은 단계에서 사회통합프로그램 교육 과정을 시작하기를 소망합니다. 그리고 사회통합프로그램을 신청하는 모든 수험생이 한국 사회에 성공적으로 정착하기를 바랍니다.

임준 씀

HOW TO APPLY

한눈에 보는 사회통합프로그램 평가 신청 방법

❶ 사회통합프로그램 평가 홈페이지 (www.kiiptest.org)에 접속 후 로그인

❷ 사전평가/중간평가/종합평가(영주용·귀화용) 중 선택하여 신청

❸ 평가 지역과 날짜, 장소 선택

❹ 평가 응시료 결제

❺ 접수 내역 확인

INFORMATION

사회통합프로그램 안내

※ 모든 규정과 세부 내용은 변경될 수 있으니 자세한 사항은 관련 홈페이지를 참고하시기 바랍니다.

✦ 사회통합프로그램이란?

① 대한민국에 체류하는 이민자가 한국 사회의 구성원으로 적응·자립하는 데 필요한 기본 소양을 체계적으로 함양할 수 있도록 마련한 교육임.

② 법무부 장관이 지정한 운영기관에서 소정의 교육을 이수한 이민자에게 체류허가와 영주권·국적 부여 등 이민 정책과 연계한 혜택을 제공하여 이민자 사회통합 정책의 핵심적인 역할을 수행하도록 함.

✦ 사회통합프로그램 이수 혜택

① 귀화 신청 시 혜택
- 귀화용 종합평가 합격 인정: 귀화용 종합평가 합격자
- 귀화 면접심사 면제: 2018년 3월 1일 이후부터 귀화용 종합평가 합격자만 해당

② 영주자격 신청 시 혜택
- 기본 소양 요건 충족 인정
- 실태조사 면제

③ 그 외 체류자격 신청 시 혜택
- 가점 등 점수 부여
- 한국어 능력 등 입증 면제

④ 사증(VISA) 신청 시 혜택
- 한국어 능력 등 입증 면제

✦ 참여 대상

① 외국인등록증 또는 거소신고증을 소지한 합법 체류 외국인 또는 귀화자

② 국적 취득일로부터 3년이 경과하지 않은 귀화자

✦ 사회통합프로그램 교육 과정 및 이수 시간

❶ 한국어와 한국 문화(0~4단계)
- 사전평가 결과에 따라 교육 단계 배정, 한국어능력시험(TOPIK) 등급 소지자는 프로그램에서 동일 수준의 단계를 인정받아 교육 단계 배정
- 0단계(기초), 1단계(초급1), 2단계(초급2), 3단계(중급1), 4단계(중급2)로 구성

❷ 한국 사회 이해(5단계)
- 기본 과정, 심화 과정 2단계로 구성
- 각 과정 이수 후 영주용 종합평가, 귀화용 종합평가 응시

단계	한국어와 한국 문화					한국 사회 이해	
	0단계	1단계	2단계	3단계	4단계	5단계	
과정	기초	초급1	초급2	중급1	중급2	기본	심화
이수 시간	15시간	100시간	100시간	100시간	100시간	70시간	30시간
평가	없음	1단계 평가	2단계 평가	3단계 평가	중간평가	영주용 종합평가	귀화용 종합평가
사전평가 점수	구술시험 3점 미만 (필기점수 무관)	3~20점	21~40점	41~60점	61~80점	81~100점	-

※ 2021년 8월 16일부터 이수 시간이 변경되어 위와 같이 진행되며, 변경 이전의 교육 과정과 이수 시간은 사회통합정보망으로 문의하시기 바랍니다.

❸ 그 외 교육
- 시민 교육: 이민자의 사회 적응을 위하여 각 분야별 전문기관이 개발한 맞춤형 교육(생활 법률 교육, 마약 예방 교육, 범죄 예방 교육 등 총 8개)이 운영되고 있으며, 법무부 사전 승인을 받아 다양한 시민 교육이 추가될 수 있습니다.
- 지자체 연계 프로그램: 각 지방자치단체의 이민자 대상 문화, 교육, 체험 프로그램 중 사회통합에 기여하는 우수 프로그램을 사회통합프로그램 지자체 연계 프로그램으로 지정하여 참여가 가능합니다.
- 이민자 멘토 교육: 한국에 성공적으로 정착한 이민자가 사회통합프로그램에 참여 중인 이민자의 멘토가 되어 한국 사회 적응을 위한 경험을 공유하는 강연 형식의 상호 소통 교육입니다.

※ 위 교육 참여 시 사회통합프로그램 교육 단계의 출석 시간으로 인정됩니다.

✦ 사회통합프로그램 교육 단계별 신청 방법

1. 신청 기간 내에 사회통합정보망 홈페이지에서 로그인 후 '사회통합프로그램 과정 신청' 메뉴 클릭

↓

2. 조회된 리스트 중 해당 과정을 개설한 기관명, 과정 기간, 과정 및 단계 등을 확인하여 수강할 과정 선택

↓

3. 과정 정보(강사명, 시간, 장소 등)를 확인 후 신청 버튼 클릭(단, 과정 신청 인원이 정원보다 초과되었을 경우 '대기 신청' 버튼 클릭)

↓

4. 신청 후 과정 신청 및 배정 대기, 신청 반려 상태 등 확인 가능

※ 사회통합프로그램 과정은 온라·인으로만 신청할 수 있습니다.

✦ 사회통합프로그램 평가 단계

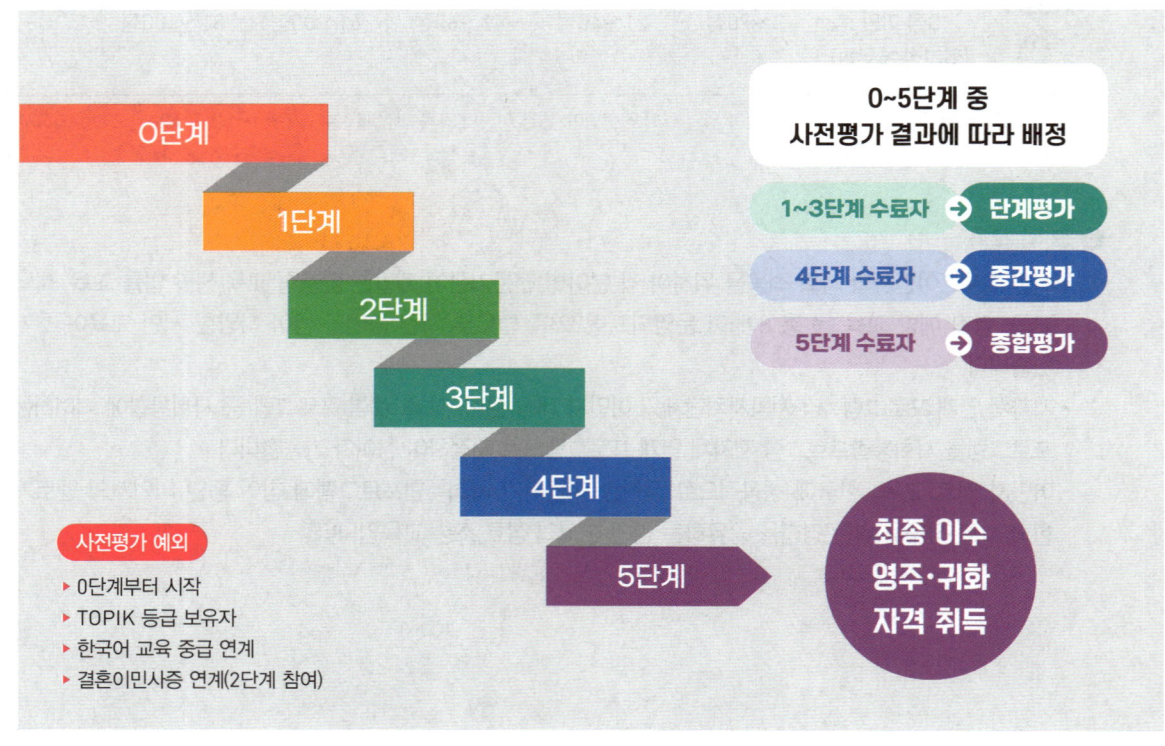

INFORMATION

사회통합프로그램 사전평가 안내

✦ 사전평가란?

❶ 사회통합프로그램 참여 이민자의 한국어 능력 등을 측정하여 수준에 맞는 교육 단계 및 교육 시간을 배정하기 위한 시험(Level test)임.
❷ 사회통합프로그램 참여자는 모두 사전평가에 응시하여 자신의 실력에 맞는 단계를 배정받아야 함.

✦ 사전평가 응시

❶ 신청 대상
- 외국인등록증 또는 거소신고증을 소지한 합법 체류 외국인 또는 귀화자
- 동포방문(C-3-8) 사증으로 입국하여 체류기간이 만료되지 않은 사람

❷ 신청 제한 대상
- 국적 취득일로부터 3년이 지난 사람
- 이수 정지일로부터 6개월이 지나지 않은 사람
- 사전평가로 단계를 배정받아 교육에 참여 중인 사람
- 사회통합프로그램 참여 중 제적되어 참여 금지 중인 사람

❸ 이미 단계를 배정받은 사람의 사전평가 재응시: 아래 대상자는 본인이 원하면 사전평가에 다시 응시하여 그 결과에 따라 교육 단계를 재배정받을 수 있습니다. 단, 이 경우 이전 교육 과정(출석 시간·이수 시간 등)은 무효가 되고, 새로 응시하여 나온 결과에 따라 단계가 배정됩니다. 재응시 결과, 기존에 참여 중인 교육 단계보다 낮은 단계에 배정되더라도 그 결과에 따라야 합니다.
- 이수 정지일로부터 6개월이 지난 사람
- 사전평가를 거치지 않고 0단계 교육부터 참여 중인 사람
- 사전평가로 단계 배정을 받았으나 교육에 참여하지 않은 사람
- 사전평가 외 단계 배정 방법에 따라 교육 단계를 배정받아 참여 중인 사람

✦ 평가 방법(CBT · PBT 동일)

시험 종류 \ 구분	문항 유형	평가 항목	문항 수	배점 (총 100점)
필기시험 (50문항, 60분)	객관식	한국어	38문항	75점 (50문항×1.5점)
		한국 문화	10문항	
	단답형 주관식	한국어	2문항	
구술시험 (5문항, 약 10분)	읽기	한국어	1문항	25점 (5문항×5점)
	이해하기		1문항	
	대화하기		1문항	
	듣고 말하기		2문항	

✦ 사전평가 외 단계 배정 방법

단계	단계 배정 방법	① 0단계부터 시작	② 한국어능력시험(TOPIK) 등급 보유자	③ 결혼이민사증 연계	④ 한국어 교육 중급 연계
한국어와 한국 문화	0단계	배정	–	–	–
한국어와 한국 문화	1단계(초급1)	–	–	–	–
한국어와 한국 문화	2단계(초급2)	–	1급	배정	–
한국어와 한국 문화	3단계(중급1)	–	2급	–	–
한국어와 한국 문화	4단계(중급2)	–	3급	–	–
한국 사회 이해	5단계(기본)	–	4~6급	–	배정

※ 배정 단계 유효 기간: 단계 배정을 받은 날로부터 2년

❶ 0단계부터 시작

사전평가 없이 0단계(한국어와 한국 문화 기초)부터 교육 참여

❷ 한국어능력시험(TOPIK) 등급 보유자

사전평가 없이 연계평가 신청을 통해 단계 배정을 받을 수 있음

❸ 결혼이민사증 연계

2014년 4월 1일에 개정된 「결혼이민(F-6)사증발급지침」에 따라 기초적인 한국어 의사소통이 가능함을 입증한 후 결혼사증발급, 한국에 입국한 결혼이민자는 사전평가 없이 2단계 배정 가능

❹ 한국어 교육 중급 연계

타 기관에서 한국어 교육을 받은 이민자가 중급 연계 과정을 통해 응시한 중간평가에 합격할 경우 5단계에 배정

NOTICE

CBT · PBT 답안 작성 방법 미리 보기

◆ CBT 답안 작성 방법

수험생은 반드시 자신의 시험 접수증(수험표)과 신분증을 지참해야 합니다.

❶ 접수한 평가 일자와 평가 장소에서 응시하시기 바랍니다. 평가 당일 시작 20분 전까지는 반드시 입실해야 하며, 시험 시작 이후에는 시험장에 들어갈 수 없습니다. 감독관의 안내를 듣고 배정된 좌석에 앉아 지시를 따라야 합니다.

❷ CBT 객관식 답안은 화면에 나오는 번호를 클릭(❶)하거나 오른쪽에 보이는 번호를 클릭(❷)하여 입력할 수 있습니다.
※ 개인의 부주의로 입력되지 않은 문항에 대한 책임은 본인에게 있습니다.

❸ CBT 주관식 답안과 구술시험 답안은 컴퓨터 키보드를 이용하여 직접 입력할 수 있습니다.

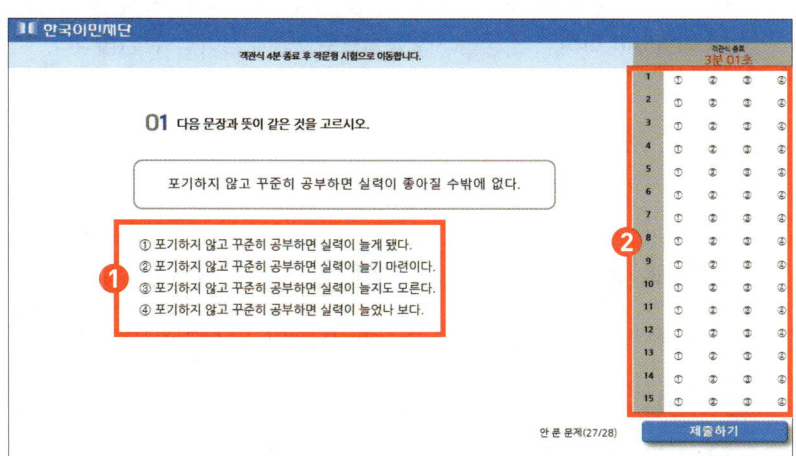

◆ PBT 답안 작성 방법

수험생은 반드시 자신의 시험 접수증(수험표), 신분증, 필기구(컴퓨터용 검은색 사인펜, 수정테이프 등)를 지참해야 합니다.

❶ 접수한 평가 일자와 평가 장소에서 응시하시기 바랍니다. 평가 당일 입실 마감 전(12시 30분)까지 반드시 입실해야 하며, 지정된 좌석에 앉아 감독관의 지시에 따라야 합니다.

❷ 답안지의 모든 표기 사항은 평가 당일 감독관이 지급하는 컴퓨터용 검은색 사인펜으로만 작성해야 합니다.

❸ 올바른 OMR 답안지 기재 방법을 숙지하여 답안을 작성해야 합니다.
※ 잘못된 필기구 사용과 답안지의 불완전한 마킹으로 인한 답안 작성 오류는 본인에게 책임이 있습니다.

❹ 평가 종료 후 감독관의 지시가 있을 때까지 퇴실할 수 없으며, 지급된 모든 문제지와 답안지는 반드시 제출해야 합니다.

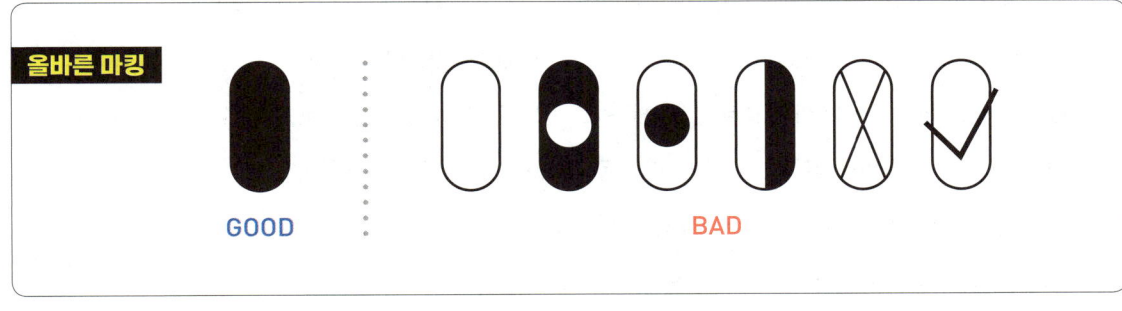

✦ 주의사항

❶ 신분증(외국인등록증, 주민등록증, 여권, 한국 운전면허증, 사진이 첨부된 체류허가 신청확인서)을 지참하지 않으면 평가에 응시할 수 없습니다.
   ※ 신분증 사본, 사진 촬영본 등 원본이 아닐 경우 응시할 수 없습니다.

❷ 시험 시간 중에는 화장실을 이용할 수 없으므로 유의하시기 바랍니다.

❸ 전자기기(휴대폰, 스마트 워치 등)를 사용하거나 대리 응시 등 감독관의 지시를 따르지 않고 부정행위를 할 경우 퇴실해야 하며, 1년 동안 사회통합프로그램에 참여할 수 없습니다.

✦ 구술시험 안내

❶ 구술시험은 필기시험과 같은 날, 필기시험이 끝난 후 실시됩니다.

❷ 구술시험은 약 10분 동안 진행됩니다.

❸ 구술시험 대기실에서 구술시험 채점표 2장을 받습니다.

❹ 받은 채점표에 자신의 이름을 영어로 정확하게 적고, 외국인등록번호, 일시, 지역을 바른 글씨로 적습니다.

구술시험 채점표

☐ 평가구분: 사전평가

성명	Hong Gil Dong	일시	20○○.○○.○○.	구술 시험관	성명	
외국인등록번호	91○○○○-5○○○○○○	지역	서울		서명	

※ 제시된 그림은 예시입니다. 실제 평가장의 상황에 따라 자세한 내용은 달라질 수 있습니다.

❺ 구술시험 채점표를 작성한 뒤, 채점표와 신분증을 가지고 순서가 될 때까지 기다립니다.

❻ 순서가 되면 구술시험 채점표와 신분증을 들고 평가장에 들어갑니다.

❼ 평가장에 들어갈 때는 예의 바르게 인사를 하고, 감독관에게 구술시험 채점표와 신분증을 제출합니다.

❽ 정해진 자리에 앉아 감독관의 지시에 따라 문제지를 읽고, 질문에 대답합니다.

❾ 구술시험이 끝난 뒤에는 감독관에게 인사를 합니다.

❿ 평가장을 나올 때 신분증을 반드시 돌려받아야 합니다.

ANALYSIS

시험 준비 TIP

✦ 필기시험

> 필기시험에 자주 나오는 문제 유형을 살펴보고 공부를 시작해 보세요! YouTube '사회통합프로그램 STUDY' 채널에 업로드되는 임준 선생님의 무료 강의를 보면서 공부하면 공부 효과를 두 배로 늘릴 수 있습니다.

❶ 제시된 사진을 설명하는 어휘나 문장 찾기
제시된 사진 속 사물의 어휘나 행동을 나타내는 문장을 찾습니다. 보통은 생활 속에서 많이 쓰이는 어휘를 묻는 문제가 나오지만, 요즘은 행동을 나타내는 문장도 자주 나오므로 평소에 어휘를 잘 정리해 두는 것이 좋습니다.

❷ 유의어 · 반의어 찾기
문장을 읽고 밑줄 친 부분의 뜻을 생각한 뒤, 선택지에서 유의어(뜻이 서로 비슷한 말)나 반의어(뜻이 서로 반대인 말)를 찾습니다. 선택지를 하나씩 넣어 문장의 뜻이 같거나 반대가 되는 것을 찾아도 좋습니다.

❸ 문맥에 맞는 조사 · 어미 찾기
빈칸의 앞뒤 내용을 잘 읽고 어떤 내용과 관계가 있을지 생각합니다. 보통 선택지에서 어휘는 같고, 조사나 어미만 달라지므로 문맥에 맞는 조사나 어미를 찾습니다.

❹ 문맥에 맞는 어휘 찾기
먼저 빈칸을 제외한 나머지 문장을 읽어 보며 힌트를 찾습니다. 그리고 글의 흐름상 빈칸에 어떤 내용이 와야 할지 생각한 후, 선택지에서 알맞은 어휘를 고릅니다.

❺ 틀린 어휘 또는 문장 찾기
주어진 글과 선택지를 읽고 자연스럽지 못한 부분을 찾습니다. 시제나 피동 · 사동 부분에서 출제가 많이 되므로 이 부분에 주의하며 선택지를 살펴봅니다.

❻ 한국 문화 알기
한국의 상징이나 교육, 정치, 경제 등 한국의 문화를 잘 알고 있는지 묻는 유형입니다. 제1편 핵심 이론의 내용을 학습하며 낯선 내용은 반드시 정리해 둡니다.

❼ 세부내용 파악 · 중심 내용 찾기 · 제목 찾기
문제와 선택지를 먼저 읽고, 어디에 중점을 두어 글을 읽어야 할지 생각합니다. 글을 읽으며 정답과 관련 없는 선택지에 ×표 하며 빠르게 정답을 찾습니다.

❽ 문맥에 맞는 표현 찾기(단답형 주관식)
앞뒤의 내용을 읽고 어떤 뜻의 어휘를 어떤 어미를 사용하여 넣어야 할지 생각합니다. 글의 흐름을 잘 이해하는 것이 중요하므로 앞 문장의 뜻을 잘 파악해야 합니다.

✦ 구술시험

구술시험은 응시자의 듣기와 말하기 능력을 평가하는 시험입니다. 구술 감독관의 질문을 듣고 내 생각을 또박또박, 정확한 발음으로 말할 수 있어야 합니다. 말하기 연습시간이 부족한 학습자들을 위해 구술시험에서 좋은 점수를 받기 위한 방법을 소개합니다.

❶ 소리 내어 말하기

먼저 내가 생각한 답을 적은 후, 해설과 비교해 봅시다. 자신이 적은 답에 부족한 부분이 있다면 답을 다시 적어 봅시다. 그리고 가장 중요한 것은 정리한 답을 직접 소리 내어 말해 보는 것입니다. 직접 소리 내어 말하는 연습을 하지 않고 시험을 보러 가면 너무 떨려서 알고 있는 것도 대답하지 못할 수 있습니다. 반드시 직접 말해 보는 연습을 해야 합니다.

❷ 임준 선생님의 YouTube '사회통합프로그램 STUDY' 채널에서 구술시험 강의 듣기

한국어 발음의 정확성과 유창성도 구술시험의 평가 요소입니다. 『사회통합프로그램 사전평가 단기완성』의 저자 임준 선생님의 YouTube '사회통합프로그램 STUDY' 채널에서 구술시험 강의를 들으면서 바른 한국어 발음을 익히고, 직접 소리 내어 연습을 한다면 더욱 좋겠죠?

❸ 내 대답을 녹음해서 들어 보기, 동영상으로 대답하는 모습 촬영해서 보기

대답을 녹음해서 듣거나 동영상을 촬영해 보면 발음이 정확한지, 너무 빠르게 혹은 느리게 말하지는 않는지, 목소리가 너무 작거나 크지는 않은지 등을 알 수 있습니다. 그리고 대답할 때 몸을 흔들거나 다리를 떠는 등의 나쁜 습관은 없는지도 확인할 수 있습니다. 나쁜 습관을 고친 뒤 구술시험을 보면 훨씬 좋은 점수를 받을 수 있을 것입니다.

ANALYSIS

사진으로 미리 보는 빈출 단어

✦ 한국의 인기 여행지와 도시

남산 서울 타워(서울) / 경복궁(서울) / 한강(서울)
불국사(경주) / 석굴암(경주) / 해운대와 광안리(부산)
한옥 마을(전주) / 자연 경치(제주도) / 남이섬(춘천)

✦ 지역 복지 서비스

보건소 / 행정 복지 센터(주민 센터) / 문화(체육) 센터
외국인 인력 상담 센터 / 육아 종합 지원 센터 / 종합 사회 복지관
다문화가족 지원 센터 / 지역 아동 센터 / 구청

STRUCTURES

이 책의 구성과 특징

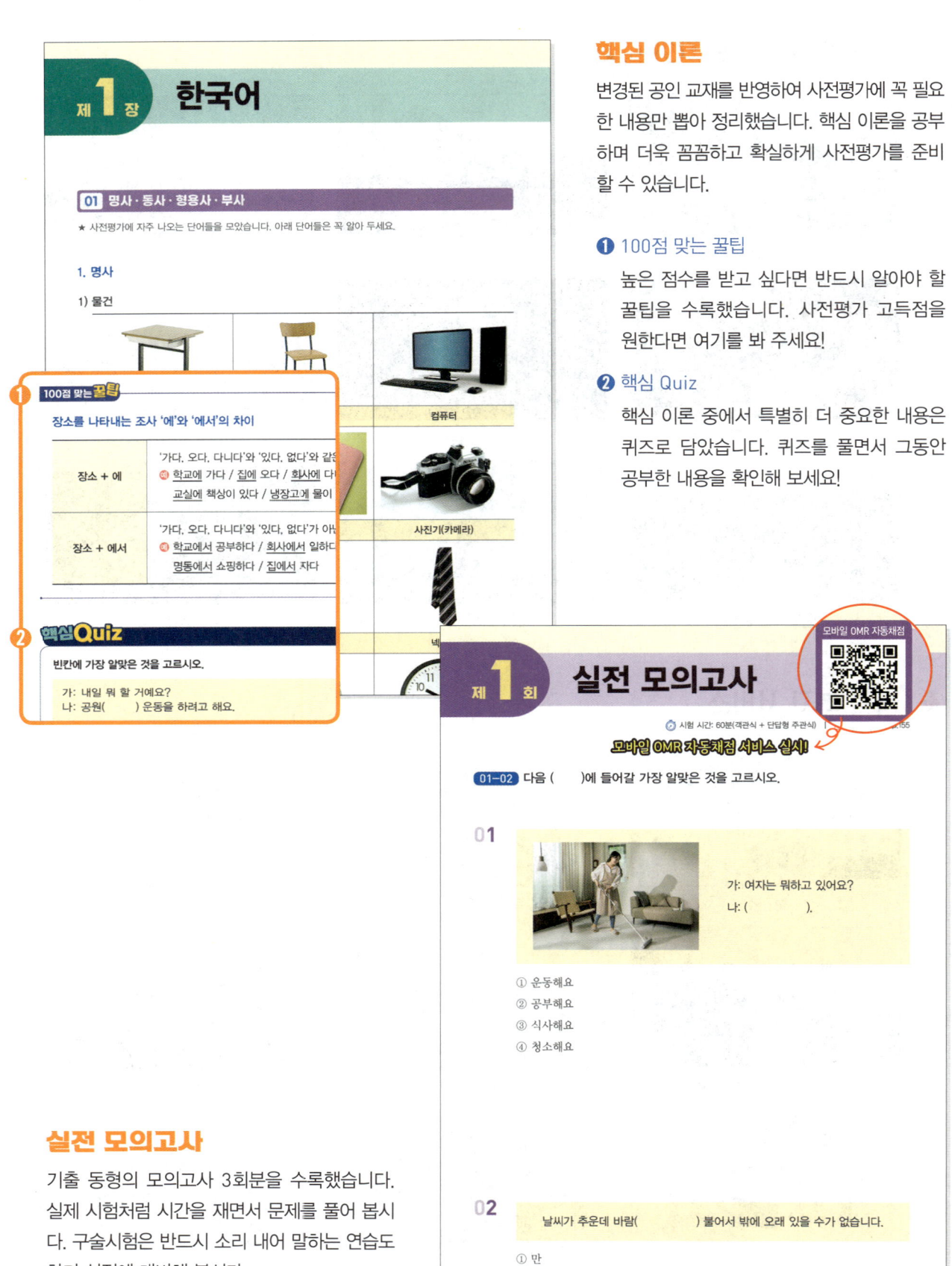

핵심 이론
변경된 공인 교재를 반영하여 사전평가에 꼭 필요한 내용만 뽑아 정리했습니다. 핵심 이론을 공부하며 더욱 꼼꼼하고 확실하게 사전평가를 준비할 수 있습니다.

❶ 100점 맞는 꿀팁
높은 점수를 받고 싶다면 반드시 알아야 할 꿀팁을 수록했습니다. 사전평가 고득점을 원한다면 여기를 봐 주세요!

❷ 핵심 Quiz
핵심 이론 중에서 특별히 더 중요한 내용은 퀴즈로 담았습니다. 퀴즈를 풀면서 그동안 공부한 내용을 확인해 보세요!

실전 모의고사
기출 동형의 모의고사 3회분을 수록했습니다. 실제 시험처럼 시간을 재면서 문제를 풀어 봅시다. 구술시험은 반드시 소리 내어 말하는 연습도 하며 실전에 대비해 봅시다.

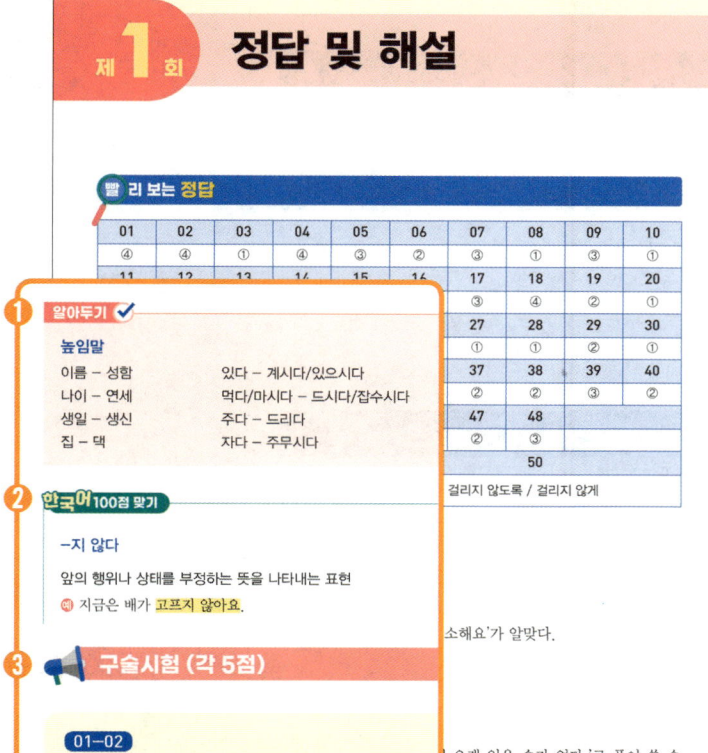

정답 및 해설

실전 모의고사 3회분의 모든 문항에 대한 해설을 담았습니다. 자세하고 친절한 풀이로 혼자서도 충분히 공부할 수 있습니다.

❶ 알아두기

알아두기만 해도 실력이 향상되는 내용을 담았습니다. 조금 더 깊이 있게 공부해 볼까요?

❷ 한국어 100점 맞기

핵심 이론에서는 나오지 않은 한국어 이론을 보충할 수 있습니다.

❸ 구술시험

어떻게 준비해야 할지 막막한 구술시험! 한국어가 낯선 분들도 쉽게 공부할 수 있도록 구술시험 읽기 문제의 발음과 모범 답안을 수록했습니다.

소책자

쏙쏙 암기 노트

평가 시작 10분 전! 핵심만 정리하고 싶다면? 쏙쏙 암기 노트 한 권이면 끝! 그동안 공부한 내용을 최종 점검할 수 있도록 핵심만 뽑아서 담았습니다.

시험 직전까지 외우는 쏙쏙 암기 노트

시험에 나오는 핵심만 쏙쏙 뽑아 정리했어요.
쏙쏙 암기 노트로 마지막 점검까지 완벽하게!
더 자세한 내용은 〈사전평가 단기완성〉 교재를 참고하세요!

★ 어휘
시험에 자주 나오는 어휘예요!

1. **물건**
   책상, 의자, 책, 필통, 컴퓨터, 시계, 과자, 사과, 창문, 냉장고, 구두, 운동화, 물통, 사진기(카메라), 넥타이, 치마, 바지, 공, 휴지, 컵, 에어컨

2. **장소**
   학교, 교실, 공항, 운동장, 세탁소, 편의점, 노래방, 미용실, 회사, 카페, 약국, 영화관(극장), 백화점, 병원, 시장, 도서관, 은행, 우체국

3. **교통수단**
   버스, 지하철, 택시, 기차(KTX, SRT), 비행기, 오토바이, 자전거, 배

4. **단위 명사**
   개, 권, 명, 살, 별, 병, 장, 대, 마리, 그릇, 자루, 조각, 켤레, 포기, 송이

5. **동사**
   ① 먹다, 마시다, 입다, 사다/팔다, 자다, 걷다, 만나다, 씻다, 듣다, 보다, 읽다, 쓰다, 배우다, 가르치다, 기다리다, 일어나다(잠에서 깨다)

CONTENTS

이 책의 목차

제1편 | 핵심 이론
- **제1장** 한국어 ·· 3
- **제2장** 한국 문화 · 한국 사회 이해 ·············· 25

제2편 | 실전 모의고사
- **제1회** 실전 모의고사 ································· 73
- **제2회** 실전 모의고사 ································· 99
- **제3회** 실전 모의고사 ······························· 125

제3편 | 정답 및 해설
- **제1회** 정답 및 해설 ································ 155
- **제2회** 정답 및 해설 ································ 173
- **제3회** 정답 및 해설 ································ 191

소책자 | 쏙쏙 암기 노트

시대에듀 사회통합프로그램 사전평가 단기완성

핵심 이론

제1장 한국어
제2장 한국 문화 · 한국 사회 이해

합격의 공식 ▶ **온라인 강의**

임준 선생님의 친절한 강의를 듣고 싶다면?
YouTube 접속 ➔ **사회통합프로그램 study** 채널 검색 ➔ 구독
➔ [사전평가 단기완성] 재생 목록 click!

제1장 한국어

01 명사·동사·형용사·부사

★ 사전평가에 자주 나오는 단어들을 모았습니다. 아래 단어들은 꼭 알아 두세요.

1. 명사

1) 물건

책상	의자	컴퓨터
책	필통	사진기(카메라)
치마	바지	넥타이
구두	운동화	시계

2) 장소

 노래방	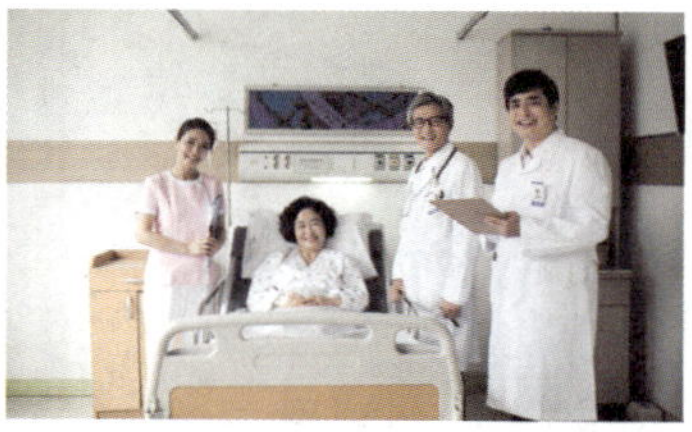 병원	 시장
 도서관	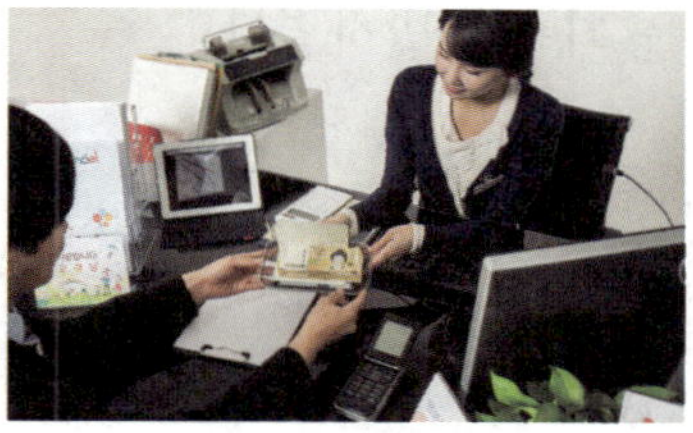 은행	 우체국
 미용실	 회사	 카페
 약국	 영화관(극장)	 백화점

3) 교통수단

버스	지하철	택시	기차(KTX, SRT)
비행기	배	오토바이	자전거

4) 단위 명사

① 개
- 예 사과 한 개만 주세요.

② 권
- 예 이번 주까지 책을 두 권 읽으려고 합니다.

③ 명
- 예 면접을 통해 총 열두 명을 최종 선발하였다.

④ 살
- 예 제 동생은 열 살입니다.

⑤ 벌
- 예 청바지가 몇 벌이 있어요?

⑥ 병
- 예 콜라는 여덟 병이 남아 있습니다.

⑦ 장
- 예 종이 두 장만 복사해 주세요.

⑧ 대
- 예 식당으로 택시 한 대가 돌진했다.

⑨ 마리
- 예 새끼 오리 한 마리가 연꽃잎 위에 앉아 주변을 살피고 있다.

⑩ 그릇
- 예 최근 물가 상승으로 냉면이 한 그릇에 12,000원이나 한다.

⑪ 자루
- 예 10원짜리 동전을 가득 담으니 두 자루가 나왔다.

⑫ 조각
- 예 친구들과 케이크를 한 조각씩 나누어 먹었다.

⑬ 켤레
- 예 지난달 아동보호시설에 아동용 신발 백 켤레를 전달했다.

⑭ 포기
- 예 배추 스무 포기로 김장을 했다.

⑮ 송이
- 예 길에 핀 꽃 한 송이의 아름다움과 향기는 자연이 우리에게 주는 큰 선물입니다.

2. 동사

1) 일반 동사

① 먹다
  예) 배가 고파요. 그래서 밥을 <u>먹습니다</u>.

② 마시다
  예) 목이 말라요. 그래서 물을 <u>마십니다</u>.

③ 입다
  예) 외출할 때는 옷을 <u>입어야</u> 합니다.

④ 사다
  예) 집에 과일이 없습니다. 과일을 <u>사야</u> 합니다.

⑤ 팔다
  예) 서점에서는 책을 <u>팔아요</u>.

⑥ 걷다
  예) 매일 집에서 센터까지 <u>걸어갑니다</u>.

⑦ 만나다
  예) 어제 길에서 친구를 <u>만났습니다</u>. 친구와 인사했습니다.

⑧ 기다리다
  예) 은행에 사람이 많이 있습니다. 제 차례까지 <u>기다려야</u> 합니다.

⑨ 씻다
  예) 손이 더러워졌습니다. 깨끗하게 <u>씻었습니다</u>.

⑩ 듣다
  예) 다른 사람과 이야기할 때는 상대방의 말을 잘 <u>들어야</u> 합니다.

⑪ 보다
  예) 길을 건널 때는 신호등을 <u>보고</u> 건너야 합니다.

⑫ 읽다
  예) 서점에서 책을 샀습니다. 얼른 책을 <u>읽고</u> 싶습니다.

⑬ 쓰다
  예) 고향에서 편지가 왔습니다. 답장을 <u>쓰려고</u> 편지지를 샀습니다.

⑭ 배우다
  예) 저는 센터에서 한국어 공부를 합니다. 한국어를 <u>배우고</u> 있습니다.

⑮ 가르치다
  예) 센터에서 선생님이 한국어를 알려줍니다. 선생님이 한국어를 <u>가르칩니다</u>.

⑯ 자다
  예) 밤에는 잠을 <u>잡니다</u>.

⑰ 일어나다(잠에서 깨다)
  예) 아침에는 <u>일어나서(잠에서 깨어나서)</u> 세수를 합니다.

2) '하다' 형태 동사

① 운동하다
    예 저는 주말마다 달리기를 합니다. 운동하는 것은 건강에 좋습니다.
② 청소하다
    예 집이 너무 더러울 때는 청소를 합니다. 청소하기 전에 창문을 열어야 합니다.
③ 요리하다
    예 저는 음식 만드는 것을 좋아합니다. 저의 취미는 요리하기입니다.
④ 공부하다
    예 센터에서 한국어를 배우고 있습니다. 한국어를 공부합니다.
⑤ 노래하다(노래 부르다)
    예 제 친구는 가수가 꿈입니다. 노래하는(노래 부르는) 것을 아주 좋아합니다.
⑥ 게임하다
    예 저의 동생은 휴대 전화로 게임하는 것이 취미입니다.
⑦ 목욕하다(샤워하다)
    예 운동을 했더니 땀이 많이 났습니다. 운동한 후에는 깨끗하게 목욕하는(샤워하는) 것이 좋습니다.
⑧ 이야기하다(말하다)
    예 저는 제 친구가 똑똑하다고 생각합니다. 친구에게 "너는 정말 똑똑해."라고 이야기했습니다(말했습니다).
⑨ 전화하다
    예 고향에 있는 가족들이 보고 싶습니다. 고향에 갈 수 없지만 목소리를 듣고 싶어서 고향에 있는 가족에게 전화했습니다.

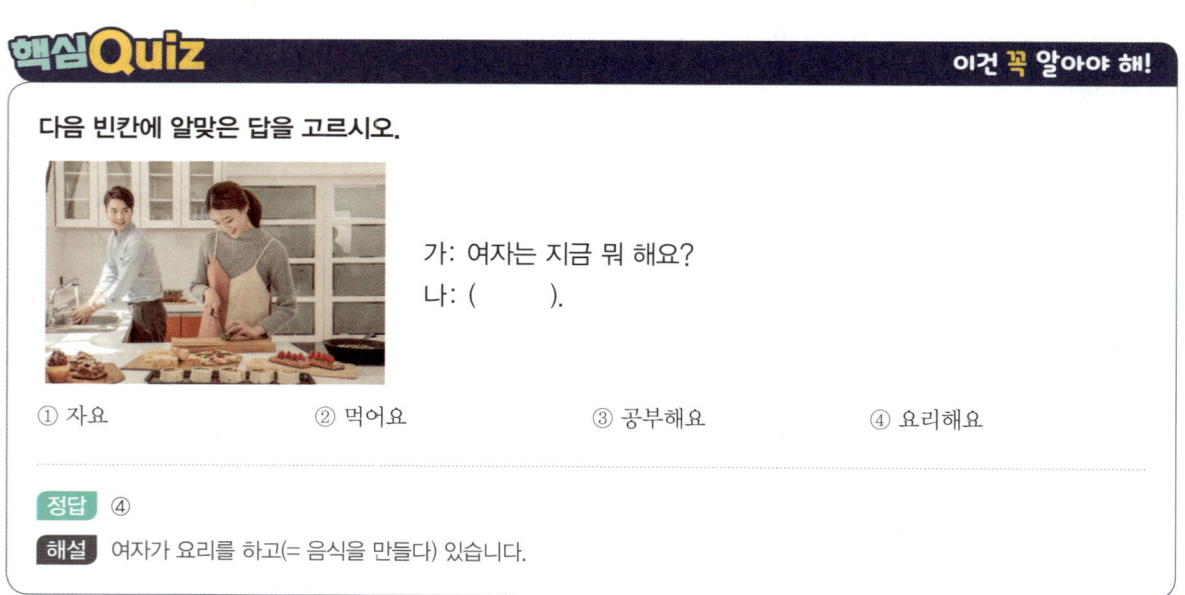

핵심 Quiz — 이건 꼭 알아야 해!

다음 빈칸에 알맞은 답을 고르시오.

가: 여자는 지금 뭐 해요?
나: (   ).

① 자요　　　② 먹어요　　　③ 공부해요　　　④ 요리해요

정답 ④

해설 여자가 요리를 하고(= 음식을 만들다) 있습니다.

3. 형용사 ★ 형용사를 공부할 때는 꼭 반대되는 말을 같이 공부하세요.

① 크다 ↔ 작다
   - 예) 코끼리는 몸이 <u>큽니다</u>. 토끼는 몸이 <u>작습니다</u>.

② 많다 ↔ 적다
   - 예) 동생은 시계를 20개 가지고 있습니다. 저는 시계를 1개 가지고 있습니다. 동생은 시계가 <u>많습니다</u>. 저는 시계가 <u>적습니다</u>.

③ 높다 ↔ 낮다
   - 예) 저는 15층에 삽니다. 제 친구는 2층에 삽니다. 우리 집은 <u>높습니다</u>. 친구 집은 <u>낮습니다</u>.

④ 넓다 ↔ 좁다
   - 예) 교실에는 사람이 10명 들어갈 수 있습니다. 화장실에는 사람이 2명 들어갈 수 있습니다. 교실은 <u>넓습니다</u>. 화장실은 <u>좁습니다</u>.

⑤ 길다 ↔ 짧다
   - 예) 저의 머리카락은 허리까지 내려옵니다. 저는 머리카락이 <u>깁니다</u>. / 동생의 머리카락은 귀까지 내려옵니다. 동생은 머리카락이 <u>짧습니다</u>.

⑥ 덥다 ↔ 춥다
   - 예) 여름은 <u>덥습니다</u>. 땀이 많이 납니다. / 겨울은 <u>춥습니다</u>. 옷을 많이 입어야 합니다.

⑦ 조용하다 ↔ 시끄럽다
   - 예) 도서관에서는 말을 하면 안 됩니다. <u>조용히</u> 해야 합니다. / 밖에서 사람들이 싸우는 소리가 들립니다. 밖이 <u>시끄럽습니다</u>.

⑧ 멀다 ↔ 가깝다
   - 예) 집에서 마트는 <u>멀어서</u> 차를 타고 갑니다. / 집에서 센터는 <u>가까워서</u> 걸어갑니다.

⑨ 싸다 ↔ 비싸다
   - 예) 어제 인터넷에서 필통을 천 원에 샀습니다. 필통을 <u>싸게</u> 샀습니다. / 오늘 점심 값으로 이만 원을 썼습니다. <u>비싼</u> 점심을 먹었습니다.

⑩ 좋다 ↔ 나쁘다
   - 예) 어려운 이웃을 돕는 사람은 <u>좋은</u> 사람입니다. / 다른 사람을 괴롭히는 사람은 <u>나쁜</u> 사람입니다.

⑪ 무겁다 ↔ 가볍다
   - 예) 코끼리는 몸무게가 많이 나갑니다. 다람쥐는 몸무게가 조금 나갑니다. 코끼리는 <u>무겁습니다</u>. 다람쥐는 <u>가볍습니다</u>.

⑫ 재미있다 ↔ 재미없다
   - 예) 주말에 잠도 자지 않고 계속 드라마를 보았습니다. 드라마가 <u>재미있었습니다</u>. / 책을 읽는데 잠이 들었습니다. 내용이 궁금하지 않습니다. 책이 <u>재미없습니다</u>.

⑬ 더럽다 ↔ 깨끗하다
   - 예) 방이 <u>더러워서</u> 청소를 했습니다. 청소를 해서 방이 <u>깨끗해졌습니다</u>.

⑭ 뜨겁다 ↔ 차갑다
  예 라면을 끓이자마자 먹었더니 입안을 뎄습니다. 라면이 뜨거웠습니다. / 눈이 왔습니다. 밖에 나가서 눈을 만졌습니다. 눈이 차가웠습니다.

⑮ 어둡다 ↔ 밝다
  예 늦은 밤까지 일을 하고 집에 도착하면 아무것도 보이지 않습니다. 방이 어둡습니다. 불을 켜면 방이 밝아집니다.

⑯ 두껍다 ↔ 얇다
  예 너무 추워서 옷을 많이 입었습니다. 옷을 두껍게 입었습니다. / 여름에는 너무 더워서 옷을 두껍게 입으면 안 됩니다. 옷을 얇게 입어야 합니다.

⑰ 어렵다 ↔ 쉽다
  예 항상 처음은 어렵지만 한 번 해봤다면 두 번째는 의외로 쉽습니다.

⑱ 맛있다 ↔ 맛없다
  예 어머니께서 만들어 주신 된장찌개는 맛있지만 제가 만든 된장찌개는 맛없습니다.

4. 부사(접속사)

① 그리고
  예 어제 지윤이에게 선물을 받았다. 그리고 화영이와 맛있는 저녁을 먹었다.

② 그러나
  예 어제는 휴일이었어요. 그러나 저는 회사에 가서 일을 했어요.

③ 그래서
  예 저녁을 만들기 위해 냉장고를 열었지만 텅 비어 있었다. 그래서 장을 보러 마트에 갔다.

④ 그런데
  예 동생은 벌써 숙제를 끝냈어요. 그런데 저는 아직 숙제가 많이 남았어요.

⑤ 그러면
  예 두드려라. 그러면 열릴 것이다.

⑥ 그렇지만
  예 열심히 공부했어요. 그렇지만 시험에 떨어지고 말았어요.

⑦ 왜냐하면
  예 오늘 출근을 못했어요. 왜냐하면 아침부터 몸이 너무 아팠기 때문이에요.

⑧ 만약
  예 만약 내일 비가 온다면 나는 나가지 않을 거야.

02 조사

- 조사는 앞말에 붙어 다음에 오는 말과의 문법적 관계를 표시하거나 앞말의 뜻을 도와주는 말이다.

1. 이/가: 주어를 나타낼 때 사용한다.

받침 ○	받침 ×
이	가

예) <u>수박이</u> 큽니다. / 식탁 위에 <u>사과가</u> 있습니다.

2. 은/는: 화제를 나타낼 때, 강조할 때 사용한다.

받침 ○	받침 ×
은	는

예) 우리 <u>집은</u> 학교 근처에 있어요. / <u>저는</u> 한국 사람입니다.

핵심 Quiz — 이건 꼭 알아야 해!

밑줄 친 단어와 의미가 <u>반대</u>인 것을 고르시오.

> 가: 이 옷은 너무 <u>커요</u>. 다른 옷은 없어요?
> 나: 그럼 이 옷을 입어 보세요.

① 싸요   ② 많아요   ③ 작아요   ④ 깨끗해요

정답 ③

해설 '커요(크다)'와 반대되는 말은 '작아요(작다)'입니다.

100점 맞는 꿀팁

'은/는'과 '이/가'의 차이

1) 은/는: 뒤에 말하는 것이 중요하다.
   이/가: 앞에 말하는 것이 중요하다.
   - 예) 가: 어느 나라 사람이에요?
     나: <u>저는</u> 한국 사람입니다. ← '한국 사람'이 중요
   - 예) 가: 누가 제이슨이에요?
     나: <u>제가</u> 제이슨입니다. ← '제(저)'가 중요

2) 처음 나오는 말 뒤에는 '이/가'를 사용한다. (A, An)
   두 번째부터는 '은/는'을 사용한다. (The)
   - 예) 옛날에 <u>왕이</u> 있었습니다.   Once upon a time, there was <u>a</u> king.
     그 <u>왕은</u> 키가 아주 컸습니다.   <u>The</u> king was very tall.
     그의 궁전에는 <u>공주가</u> 살았습니다.   <u>A</u> princess lived in his palace.
     <u>공주는</u> 아주 예뻤습니다.   <u>The</u> princess was very beautiful.

---

3. 을/를: 목적어를 나타낼 때 사용한다.

받침 ○	받침 ×
을	를

- 예) 친구가 <u>밥을</u> 먹습니다. / 나는 <u>너를</u> 사랑해.

4. 과/와

받침 ○	받침 ×
과	와

1) 두 가지 이상을 함께 말할 때 사용한다.
   - 예) <u>제이슨과</u> 메리 / <u>사과와</u> 딸기

2) 함께 어떤 행동을 하는 것을 가리킬 때 사용한다.
   - 예) <u>동생과</u> (같이, 함께) 영화를 봅니다. / <u>엄마와</u> (같이, 함께) 여행을 갑니다.

5. 도: 두 가지 이상의 물건이나 사실이 같은 상황에 사용한다.

- 예) 마이클 씨는 바나나를 좋아합니다. 그리고 <u>수박도</u> 좋아합니다.
  저는 한국어를 배웁니다. <u>철수도</u> 한국어를 배웁니다.

6. 에

1) 어떤 장소를 목적지로 할 때 사용한다. ('가다, 오다, 다니다'가 뒤에 옴)
   - 예) 학교에 가요. / 집에 왔어요. / 회사에 다녀요.

2) 어떤 장소에 위치해 있을 때 사용한다. ('있다, 없다'가 뒤에 옴)
   - 예) 저는 지금 집에 있어요. / 냉장고에 우유가 없어요.

7. 에서

1) 어떤 행동을 하는 장소를 나타낼 때 사용한다.
   - 예) 저는 학교에서 공부해요. / 저는 침대에서 잡니다.

2) 출발하는 장소를 나타낼 때 사용한다.
   - 예) 집에서 학교까지 걸어서 가요. / 한국에서 미국까지 얼마나 걸려요?
   - ※ 까지: 도착하는 장소를 나타낼 때 사용한다.

100점 맞는 꿀팁

장소를 나타내는 조사 '에'와 '에서'의 차이

장소 + 에	'가다, 오다, 다니다'와 '있다, 없다'와 같은 동사가 붙는다. 예) 학교에 가다 / 집에 오다 / 회사에 다니다 교실에 책상이 있다 / 냉장고에 물이 없다
장소 + 에서	'가다, 오다, 다니다'와 '있다, 없다'가 아닌 다른 동사가 붙는다. 예) 학교에서 공부하다 / 회사에서 일하다 명동에서 쇼핑하다 / 집에서 자다

핵심Quiz — 이건 꼭 알아야 해!

빈칸에 가장 알맞은 것을 고르시오.

가: 내일 뭐 할 거예요?
나: 공원(   ) 운동을 하려고 해요.

① 은   ② 에   ③ 까지   ④ 에서

정답 ④

해설 장소를 나타낼 때는 '장소 + 에서 + 모든 동사' 또는 '장소 + 에 + 가다/오다/다니다/있다/없다'를 씁니다.

03 관형사형 어미

- 관형사형 어미는 동사와 형용사 뒤에 붙어서 관형사와 같은 기능을 하게 하는 말이다.

1. 동사, 형용사와 결합하는 관형사형 어미
★ ㄹ 받침이 있는 동사와 형용사의 변화는 시험에 자주 나와요.

1) 동사 + 명사

받침 \ 시제	과거	현재	미래
받침 ○	동사 + -은 + 명사 예 먹다 + 음식 → 어제 먹은 음식	동사 + -는 + 명사 예 먹다 + 음식 → 지금 먹는 음식	동사 + -을 + 명사 예 먹다 + 음식 → 내일 먹을 음식
받침 ×	동사 + -ㄴ + 명사 예 노래하다 + 사람 → 어제 노래한 사람	동사 + -는 + 명사 예 노래하다 + 사람 → 지금 노래하는 사람	동사 + -ㄹ + 명사 예 노래하다 + 사람 → 내일 노래할 사람
받침 ㄹ	동사의 ㄹ 탈락(없어짐) + -ㄴ + 명사 예 만들다 + 음식 → 어제 만든 음식	동사의 ㄹ 탈락(없어짐) + -는 + 명사 예 만들다 + 음식 → 지금 만드는 음식	동사의 ㄹ 탈락(없어짐) + -ㄹ + 명사 예 만들다 + 음식 → 내일 만들 음식

2) 형용사 + 명사

받침 ○	형용사 + -은 + 명사 예 작다 + 가방 → 작은 가방 높다 + 산 → 높은 산
받침 ×	형용사 + -ㄴ + 명사 예 예쁘다 + 옷 → 예쁜 옷 깨끗하다 + 방 → 깨끗한 방
받침 ㅂ	(형용사의 ㅂ → -우-) + -ㄴ + 명사 예 아름답다 + 바다 → 아름다운 바다 덥다 + 날씨 → 더운 날씨
받침 ㄹ	형용사의 ㄹ 탈락(없어짐) + -ㄴ + 명사 예 멀다 + 나라 → 먼 나라 길다 + 머리 → 긴 머리

2. 과거를 나타내는 관형사형 어미

-던	회상	과거에 자주 또는 계속한 일을 나타낸다. 예) 이것은 제가 어렸을 때 <u>입던</u> 옷이에요. 여기는 제가 3년 전에 <u>다니던</u> 회사예요.
	미결	아직 끝나지 않은 일을 나타낸다. 예) 제가 <u>마시던</u> 커피가 어디에 있어요? (아직 커피가 남아 있음) 집에 가서 <u>읽던</u> 책을 다 읽고 잘 거예요. (아직 책을 다 읽지 않았음)
	변화	어떤 상황이나 상태가 변했다는 것을 표현한다. 예) 한국어를 <u>못하던</u> 철수 씨가 지금은 잘하게 되었어요. 아침에는 <u>춥던</u> 날씨가 지금은 덥네요.
-았/었던	회상	과거에 자주 또는 계속한 일을 표현하며, 지금은 하지 않음을 강조한다. 예) 여기는 제가 <u>다녔던</u> 회사예요. (지금은 다니지 않음을 강조) 이것은 제가 어렸을 때 <u>먹었던</u> 음식이에요. (지금은 먹지 않음을 강조)
	과거	과거에 경험해 본 일을 나타낸다. 예) 이것은 작년 크리스마스 때 <u>입었던</u> 옷이에요. (작년에 한 번 입었던 옷) 지난주에 남자친구와 <u>갔던</u> 카페가 정말 예뻤어요. (지난주에 한 번 가 본 곳)

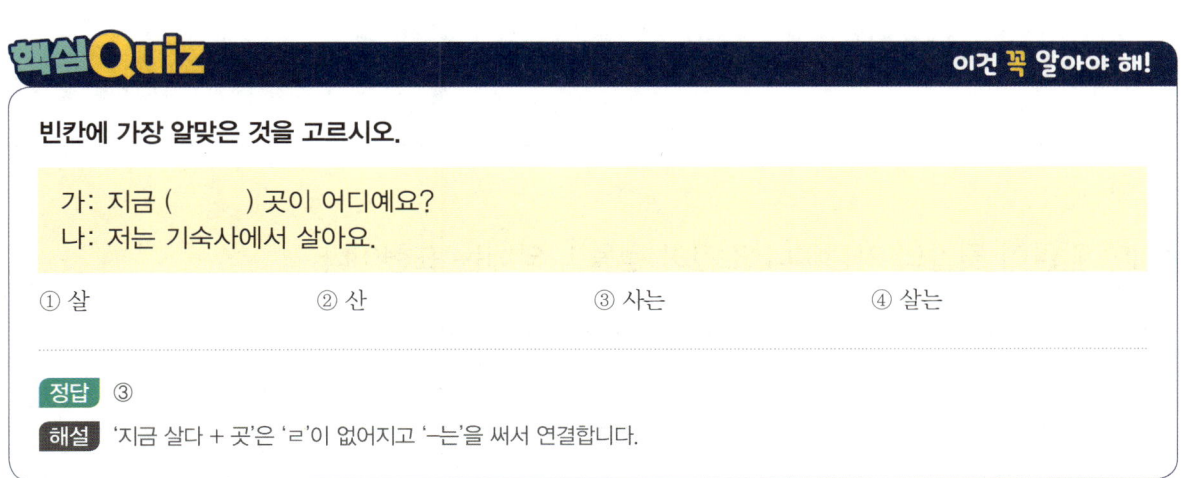

핵심 Quiz — 이건 꼭 알아야 해!

빈칸에 가장 알맞은 것을 고르시오.

가: 지금 (　　) 곳이 어디예요?
나: 저는 기숙사에서 살아요.

① 살　　② 산　　③ 사는　　④ 살는

정답 ③
해설 '지금 살다 + 곳'은 'ㄹ'이 없어지고 '-는'을 써서 연결합니다.

04 연결 표현

• 연결 표현은 앞말에 붙어 다음 말과 연결해 주는 역할을 한다.

1. AND: 앞말과 뒷말이 서로 같은 내용으로 연결될 때 쓰는 표현이다.

-고	예 그 사람은 한국어도 잘하고 일본어도 잘해요.
-(으)ㄴ/는 데다가	예 그 식당은 음식이 맛있는 데다가 친절해요.
-(으)ㄹ 뿐(만) 아니라	예 철수는 성격이 좋을 뿐(만) 아니라 잘생겼어요.
은/는 물론이고	예 그 가수는 노래를 잘하는 것은 물론이고 춤도 잘 춰요.
은/는 말할 것도 없고	예 그 배우는 연기는 말할 것도 없고 노래도 잘합니다.

2. BUT: 앞말과 뒷말이 서로 다른 내용으로 연결되거나 앞말에서 기대할 수 있는 것과 다른 결과를 뒷말에 쓸 때 사용하는 표현이다.

-지만	예 형은 키가 크지만 동생은 키가 작아요.
-(으)ㄴ/는데	예 제 아내는 드라마는 좋아하는데 영화는 안 좋아해요.
-(으)나	예 공부를 열심히 했으나 시험 결과는 좋지 않았다.

3. THOUGH: 앞말을 가정하거나 인정하지만 앞말이 뒷말에 영향을 주지 못한다는 의미의 표현이다.

-아/어도	예 아무리 운동을 해도 살이 빠지지 않아요.
-더라도	예 바쁘시더라도 꼭 숙제를 해야 합니다.
-(으)ㄴ/는데도	예 날씨가 추운데도 공원에 사람이 많다.

4. IF: 앞말이 뒷말의 가정이나 조건이 됨을 나타내는 표현이다.

-(으)면	예 이번 주말에 날씨가 좋으면 공원에서 산책할 거예요.
-(ㄴ/는)다면	예 만약에 복권에 당첨된다면 세계 여행을 할 거예요.

5. FOR: 앞말이 뒷말의 목적이라는 것을 나타내는 표현이다.

−기 위해(서)	예 친구에게 <u>주기 위해서</u> 케이크를 만들었어요.
−(으)려고	예 엄마에게 <u>주려고</u> 예쁜 옷을 샀어요.
−(으)러 ※ '가다, 오다, 다니다'에 주로 사용	예 저는 한국어를 <u>배우러</u> 센터에 갑니다. / 왔습니다. / 다닙니다.

6. BECAUSE: 앞말이 뒷말의 이유라는 것을 나타내는 표현이다.
★ '이유'를 나타내는 연결 어미가 자주 나옵니다. 여러 가지 표현을 함께 알아 두세요.

−아/어서	예 날씨가 <u>추워서</u> 따뜻한 옷을 입었어요.
−(으)니까	예 차가 <u>막히니까</u> 지하철을 타세요.
−기 때문에	예 이 영화는 아이돌이 <u>나오기 때문에</u> 인기가 많아요.
−느라고	예 어젯밤에 영화를 <u>보느라고</u> 잠을 못 잤다.
(으)로 인해(서)	예 어제 온 <u>눈으로 인해</u> 교통사고가 발생했다.

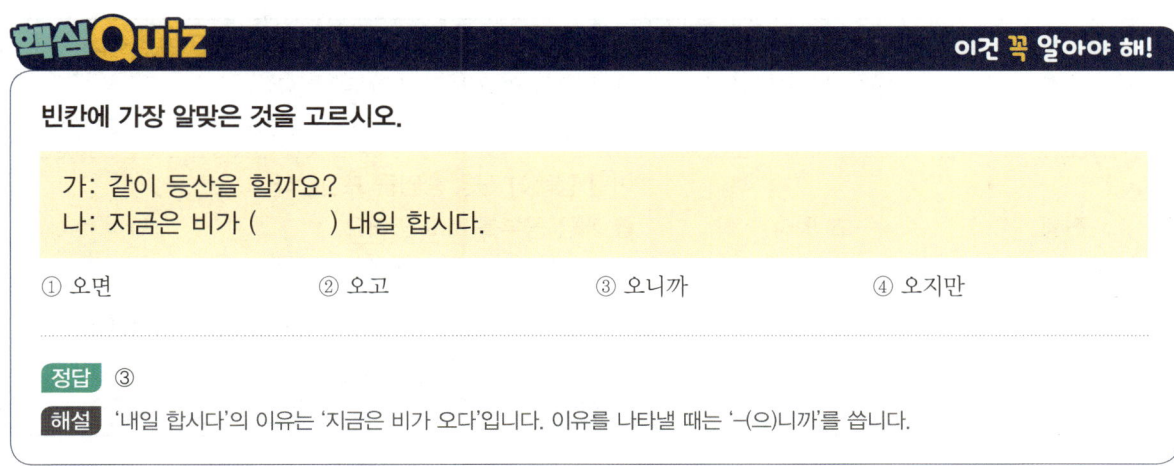

핵심Quiz — 이건 꼭 알아야 해!

빈칸에 가장 알맞은 것을 고르시오.

가: 같이 등산을 할까요?
나: 지금은 비가 (　　) 내일 합시다.

① 오면　　② 오고　　③ 오니까　　④ 오지만

정답 ③

해설 '내일 합시다'의 이유는 '지금은 비가 오다'입니다. 이유를 나타낼 때는 '−(으)니까'를 씁니다.

05 종결 표현

• 종결 표현은 한 문장을 끝낼 때 쓰는 말이다.

1. 시제

현재	-아/어요, -ㅂ/습니다	예) 지금 학교에 <u>가요</u>. 요즘 문화 센터에서 태권도를 <u>배웁니다</u>.
과거	-았/었어요, -았/었습니다	예) 한국은 작년에 <u>왔어요</u>. 오늘 아침에 밥을 <u>먹었습니다</u>.
미래	-(으)ㄹ 거예요, -(으)ㄹ 것입니다	예) 내일 명동에 <u>갈 거예요</u>. 다음 주에 제주도에 <u>갈 것입니다</u>.

100점 맞는 꿀팁

'-(으)ㄹ 거예요'와 '-(으)ㄹ게요'의 차이

표현	같은 점	다른 점
-(으)ㄹ 거예요, -(으)ㄹ 것입니다	미래의 '계획' 또는 '의지'를 말할 때 쓴다.	듣는 사람과 상관없이 자신의 계획을 말할 때 쓴다.
-(으)ㄹ게요, -겠습니다		듣는 사람과 관계있는 것을 말할 때 쓴다. (듣는 사람과 함께 결정하거나 약속하는 것)

2. 보존, 진행, 유지

보존	-아/어 놓다(두다)	어떤 행위를 한 상태가 계속 유지되는 것을 표현한다. 예) 창문을 <u>열어 놓았어요(두었어요)</u>. (창문을 열다 + 지금도 열려 있다)
진행	-고 있다	어떤 행동이 진행 중임을 표현한다. 예) 지금 공부를 <u>하고 있어요</u>. (공부하는 것을 진행 중)
유지	-아/어 있다	어떤 상황이나 상태가 계속 유지되는 것을 표현한다. 예) 책이 책상 위에 <u>놓여 있다</u>. 선생님은 <u>서 있고</u>, 학생들은 <u>앉아 있다</u>.

-아/어 놓다(두다)

'-아/어 놓다(두다)'는 '미리 준비하다'라는 의미로도 많이 쓴다.
- 예) 주말에 영화를 보려고 표를 예매해 놓았어요.
  (주말을 위해 표를 미리 준비했음)
- 예) 오늘 저녁에 친구들과 먹으려고 음식을 사 두었어요.
  (오늘 저녁을 위해 음식을 미리 준비했음)

3. 이유

-(이)거든(요)	말하는 사람이 생각한 이유나 원인, 근거를 나타낼 때 쓴다. 예) 가: 어디 가세요? 　　나: 선물을 사러 가요. 내일이 아내의 생일이거든요. 　　(내일이 아내의 생일이기 때문에 선물을 사러 간다는 의미)
-잖아(요)	말하는 사람이 상대방에게 어떤 상황·정보를 확인하거나 정정해 주듯이 말할 때 쓴다. 예) 가: 메이 씨는 한국어를 정말 잘하시네요. 　　나: 저는 한국에서 5년이나 살았잖아요. 　　(한국어를 잘하는 이유가 한국에서 5년이나 살았기 때문임을 확인시켜 주는 의미)

-잖아(요)

'-잖아(요)'는 말하는 사람도 알고, 듣는 사람도 아는 이유를 말할 때 쓴다.
- 예) 가: 한국어를 정말 잘하시네요.
  나: 저는 한국에서 5년이나 살았잖아요.
  (5년 동안 한국에서 살았다는 것을 '말하는 사람(가)'도 알고, '듣는 사람(나)'도 알고 있음)
- 예) 가: 우리 같이 등산을 갈까요? 날씨가 좋잖아요.
  나: 네, 그래요.
  (날씨가 좋다는 것을 '말하는 사람(가)'도 알고, '듣는 사람(나)'도 알고 있음)

4. 간접화법: 다른 사람이 말한 것을 전달할 때 사용한다.

1) 평서문

시제		표현	예문
동사	현재	-ㄴ/는다고 하다	메이: 저는 한국어를 배워요. → 메이 씨가 한국어를 배운다고 했어요.
	과거	-았/었다고 하다	메이: 저는 한국어를 배웠어요. → 메이 씨가 한국어를 배웠다고 했어요.
	미래	-(으)ㄹ 거라고 하다	메이: 저는 한국어를 배울 거예요. → 메이 씨가 한국어를 배울 거라고 했어요.
형용사	현재	-다고 하다	민수: 명동에 사람이 많아요. → 민수 씨가 명동에 사람이 많다고 했어요.
	과거	-았/었다고 하다	민수: 명동에 사람이 많았어요. → 민수 씨가 명동에 사람이 많았다고 했어요.

2) 명사 + 이다

시제	표현	예문
현재	-(이)라고 하다	티엔: 저는 베트남 사람이에요. → 티엔 씨가 (자기는) 베트남 사람이라고 했어요.
과거	-이었/였다고 하다	티엔: 저는 의사였어요. → 티엔 씨가 (자기는) 의사였다고 했어요.

3) 의문문

시제	표현	예문
현재	-냐고 하다	지민: 어디에 가요? → 지민 씨가 어디에 가냐고 했어요.
과거	-았/었냐고 하다	지민: 밥 먹었어요? → 지민 씨가 밥(을) 먹었냐고 했어요.

4) 청유문

기본 형태	표현	예문
-(으)ㅂ시다, -자	-자고 하다	엘레나: 같이 영화를 봅시다. 　　　같이 영화를 보자. → 엘레나 씨가 같이 영화를 보자고 했어요.

5) 명령문

기본 형태	표현	예문
-(으)세요, -아/어라	-(으)라고 하다	엘레나: 우리 집에 <u>오세요</u>. 　　　　우리 집에 <u>와라</u>. → 엘레나 씨가 자기 집에 <u>오라고</u> 했어요.

100점 맞는 꿀팁

간접화법 더 공부하기

1) 명령문의 '주세요'와 '-아/어 주세요'

표현	의미	예문
달라고 하다	말하는 사람이 '말하는 사람에게 주다'를 명령할 때 쓴다.	메이: 저에게 빵을 주세요. → 메이 씨가 말했다. + 저에게 빵을 주세요. → 메이 씨가 빵을 달라고 했어요.
주라고 하다	말하는 사람이 '다른 사람에게 주다'를 명령할 때 쓴다.	메이: 이 빵을 마이클 씨에게 주세요. → 메이 씨가 말했다. + 마이클 씨에게 빵을 주세요. → 메이 씨가 마이클 씨에게 빵을 <u>주라고 했어요</u>.

2) 간접화법 축약(간접화법을 짧게 줄인 것)

① 평서문

시제		간접화법	간접화법 축약
동사	현재	-ㄴ/는다고 해요	-ㄴ/는대요
	과거	-았/었다고 해요	-았/었대요
	미래	-(으)ㄹ 거라고 해요	-(으)ㄹ 거래요
형용사	현재	-다고 해요	-대요
	과거	-았/었다고 해요	-았/었대요

② 명사 + 이다

시제	간접화법	간접화법 축약
현재	-(이)라고 해요	-(이)래요
과거	-이었/였다고 해요	-이었/였대요

③ 의문문

시제	간접화법	간접화법 축약
현재	−냐고 해요	−내요
과거	−았/었냐고 해요	−았/었내요

④ 청유문

기본 형태	간접화법	간접화법 축약
−(으)ㅂ시다, −자	−자고 해요	−재요

⑤ 명령문

기본 형태	간접화법	간접화법 축약
−(으)세요, −아/어라	−(으)라고 해요	−(으)래요

핵심 Quiz — 이건 꼭 알아야 해!

빈칸에 가장 알맞은 것을 고르시오.

가: 주말에는 영화관에 사람이 많은데 표가 없으면 어떡해요?
나: 걱정하지 마세요. 제가 미리 표를 (   ).

① 예매하고 있어요   ② 예매하냐고 해요   ③ 예매해 놓았어요   ④ 예매했을 거예요

정답 ③

해설
1) 주말을 위해서 표를 미리 준비했기 때문에 '예매해 놓다'가 알맞습니다.
2) 표를 사서 가지고 있는 상태가 계속되기 때문에 '상태가 보존, 유지되다'라는 의미를 가진 '예매해 놓다'가 알맞습니다.

5. 피동 표현: 주어가 남의 행동을 입어서 행하여지는 동작을 나타내는 표현이다.

-이-		-히-		-리-		-기-	
보다	보이다	닫다	닫히다	듣다	들리다	끊다	끊기다
쓰다	쓰이다	잡다	잡히다	팔다	팔리다	안다	안기다
놓다	놓이다	먹다	먹히다	열다	열리다	쫓다	쫓기다
쌓다	쌓이다	꽂다	꽂히다	걸다	걸리다	빼앗다	빼앗기다
바꾸다	바뀌다	뽑다	뽑히다	풀다	풀리다	잠그다	잠기다
깎다	깎이다	막다	막히다	찌르다	찔리다	감다	감기다

-이-	컴퓨터를 쓰다	→	컴퓨터가 쓰이다
-히-	문을 닫다	→	문이 닫히다
-리-	과일을 팔다	→	과일이 팔리다
-기-	도둑을 쫓다	→	도둑이 쫓기다

6. 사동 표현: 문장의 주체가 자기 스스로 행하지 않고 남에게 그 행동이나 동작을 하게 함을 나타내는 표현이다.

-이-		-히-		-리-	
먹다	먹이다	읽다	읽히다	알다	알리다
죽다	죽이다	입다	입히다	울다	울리다
끓다	끓이다	앉다	앉히다	살다	살리다
보다	보이다	눕다	눕히다	놀다	놀리다
속다	속이다	맞다	맞히다	돌다	돌리다

핵심 Quiz — 이건 꼭 알아야 해!

다음 중 밑줄 친 부분이 틀린 것을 고르시오.
① 6시에 은행에 갔는데 문이 <u>닫혀</u> 있었다.
② 컴퓨터는 전 세계에서 매일 <u>쓰이고 있다</u>.
③ 요즘 날씨가 더워서 아이스크림이 잘 <u>팔린다</u>.
④ 오랜만에 고향에 갔는데 고향의 모습이 많이 <u>바꿨다</u>.

정답 ④

해설 '고향의 모습'이 행동(바꾸다)을 한 것이 아니라 행동을 입은 것이기 때문에 '바뀌다'가 옳습니다.
오랜만에 고향에 갔는데 고향의 모습이 많이 바꿨다. (×) → 바뀌었다. (○)

-기-		-우-		-추-	
벗다	벗기다	자다	재우다	늦다	늦추다
신다	신기다	서다	세우다	낮다	낮추다
씻다	씻기다	타다	태우다	맞다	맞추다
감다	감기다	쓰다	씌우다		
웃다	웃기다	깨다	깨우다		
맡다	맡기다	크다	키우다		
남다	남기다	피다	피우다		

-이-	아이가 밥을 먹다	→	엄마가 아이에게 밥을 먹이다
-히-	학생이 책을 읽다	→	선생님이 학생에게 책을 읽히다
-리-	동생이 울다	→	형이 동생을 울리다
-기-	관객이 웃다	→	코미디언이 관객을 웃기다
-우-	택시가 서다(stop)	→	손님이 택시를 세우다
-추-	의자가 낮다	→	철수가 의자를 낮추다

이건 꼭 알아야 해!

다음 중 밑줄 친 부분이 틀린 것을 고르시오.
① 간호사가 환자를 침대에 눕혔어요.
② 배가 불러서 음식을 조금 남았어요.
③ 내일 아침 6시에 저를 깨워 주세요.
④ 엄마가 아이의 신발을 신기고 있어요.

정답 ②
해설 '배가 불러서 음식이 남게 했다'라는 뜻이기 때문에 '음식을 남기다'가 옳습니다.
음식이 남다 (○), 음식을 남기다 (○)
배가 불러서 음식을 조금 남았어요. (×) → 남겼어요. (○)

제 2 장 한국 문화 · 한국 사회 이해

01 한국 소개

1. 한국의 상징

1) 한국의 정식 국가명은 대한민국(大韓民國, Republic of Korea)이다.

2) 한국의 국기는 태극기(太極旗)이다.

　① 태극기의 흰 바탕: 밝음, 순수를 의미한다.
　② 태극문양: 빨간색은 존귀, 파란색은 희망을 의미한다.
　③ 4괘(건곤감리, 乾坤坎離): 각각 하늘, 땅, 물, 불을 의미한다.

3) 한국을 상징하는 노래는 애국가(愛國歌)이다. 애국가는 안익태가 작곡했다.

4) 한국을 상징하는 꽃은 무궁화(無窮花)이다. 무궁화는 '영원히 피고 또 피어서 지지 않는 꽃'이라는 뜻이다.

5) 한국의 문자는 한글이고, 1443년에 세종대왕이 창제했다.

무궁화

6) **자음(14개):** 자음의 기본자(ㄱ, ㄴ, ㄷ, ㄹ, ㅁ, ㅂ, ㅅ, ㅇ, ㅈ, ㅊ, ㅋ, ㅌ, ㅍ, ㅎ)는 혀, 입술, 목구멍 등 발음 기관의 모양을 본떠 만들었다.

7) **모음(10개):** 모음의 기본자(ㅏ, ㅑ, ㅓ, ㅕ, ㅗ, ㅛ, ㅜ, ㅠ, ㅡ, ㅣ)는 하늘(•), 땅(ㅡ), 사람(ㅣ)의 모양을 본떠 만들었다.

2. 국기 게양일

1) 5대 국경일 및 기념일
   ① 3·1절(3월 1일)
   ② 제헌절(7월 17일)
   ③ 광복절(8월 15일) 〉 5대 국경일
   ④ 개천절(10월 3일)
   ⑤ 한글날(10월 9일)
   ⑥ 국군의 날(10월 1일)

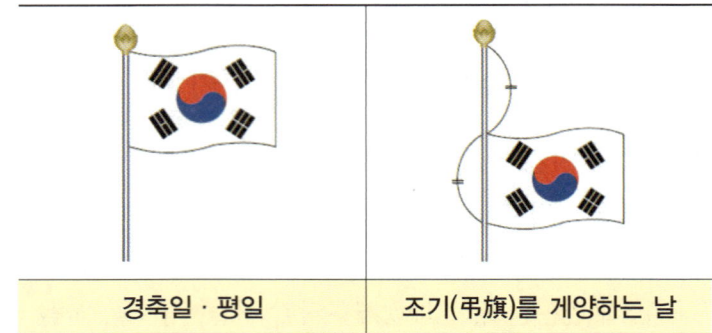

| 경축일·평일 | 조기(弔旗)를 게양하는 날 |

2) 조기(弔旗)를 게양하는 날
   ① 현충일(6월 6일)
   ② 국장 기간, 국민장일

3. 국기에 대한 맹세: 국민의례 절차에서 낭송한다.

> 나는 자랑스러운 태극기 앞에 자유롭고 정의로운 대한민국의 무궁한 영광을 위하여 충성을 다할 것을 굳게 다짐합니다.

핵심 Quiz — 이건 꼭 알아야 해!

다음 빈칸에 알맞은 답을 적으시오.
1. 한국의 정식 국가명은 ☐☐☐☐ 이다.
2. 한국의 국기는 ☐☐☐ 이다.
3. 한국을 상징하는 노래는 ☐☐☐ 이다.
4. 한국을 상징하는 꽃은 ☐☐☐ 이다.
5. 한국의 문자는 ☐☐ 이고, 1443년에 세종대왕이 창제했다.

정답 1 대한민국 2 태극기 3 애국가 4 무궁화 5 한글

02 가족 관계와 호칭어

1. 가족의 호칭

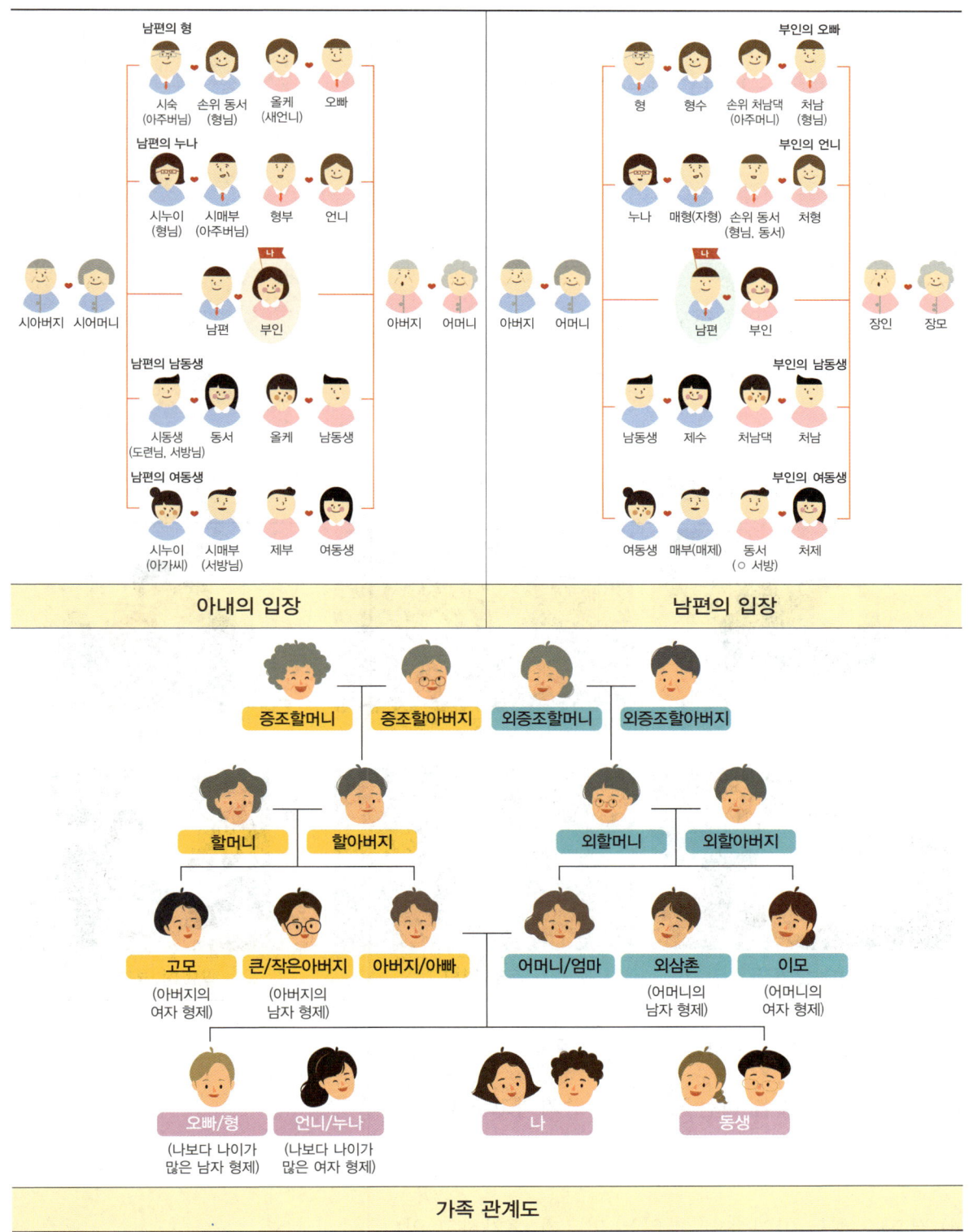

가족 관계도

2. 과거의 가족 형태

1) 한집에 할아버지, 할머니, 아버지, 어머니, 자녀 등의 여러 세대가 함께 사는 확대가족 형태였다.

2) 보통 자녀를 3~5명 정도로 많이 낳았다.

3) 장남이 부모님을 모시고 사는 경우가 많았다.

3. 현대의 가족 형태

1) 부모와 미혼 자녀가 함께 사는 핵가족 형태가 많다.

2) 보통 자녀를 1~2명 정도로 적게 낳는다.

3) 부모님을 모시고 사는 경우가 줄었다.

4. 현대의 다양한 가족 형태

1) 혼자 사는 1인 가구가 증가하고 있다.

2) 부부가 모두 일을 하는 맞벌이가 증가하고 있다.

3) 결혼을 늦게 하거나 결혼을 하지 않는 경우가 증가하고 있다.

4) 결혼을 해도 아이를 낳지 않는 경우가 증가하고 있다.

5. 촌수 문화

1) **촌수:** 가족이나 친척 사이의 가깝고 먼 정도를 숫자로 나타내는 것을 말한다.

2) 부모와 자식 사이는 1촌, 형제끼리는 2촌이며, 부부 사이에는 촌수를 따지지 않는다.

3) 내 형제의 자식은 나와 3촌이고, 내 형제의 자식과 나의 자식은 4촌이다.

핵심Quiz — 이건 꼭 알아야 해!

다음 빈칸에 알맞은 답을 적으시오.

1. 과거에 여러 세대가 함께 살던 가족의 형태를 □□□□ 형태라고 한다.
2. 현대에 부모와 미혼 자녀가 함께 사는 가족의 형태를 □□□ 형태라고 한다.
3. 엄마의 여자 형제를 □□ 라고 부른다.
4. 아빠의 여자 형제를 □□ 라고 부른다.
5. 최근에 혼자 사는 □□□□ 가 증가하고 있다.

정답 1 확대가족 2 핵가족 3 이모 4 고모 5 1인 가구

03 한국의 주거

1. 집의 형태

1) **단독 주택(일반 주택, 다가구 주택):** 주인이 한 명인 주택을 말한다.
   ① 일반 주택은 한 건물에 한 가구만 사는 집을 말한다.
   ② 다가구 주택은 한 건물에 여러 가구가 살지만 집주인(소유주)이 한 명이다.

2) **공동 주택(다세대 주택):** 주인이 여러 명인 주택을 말한다.
   ① 한 건물에 여러 가구가 살고, 각 가구가 사는 공간에 집주인(소유주)이 각각 따로 있다.
   ② 4층 이하는 빌라, 5층 이상은 아파트라고 한다.

3) **공유 주택(셰어 하우스):** 가족이 아닌 사람들이 한집(건물)에 살며, 개인 공간은 따로 가지면서 거실이나 주방의 공간은 같이 이용하는 집을 말한다.

2. 주거 문화의 변화

1) 과거에는 단독 주택이 대부분이었으나, 요즘은 공동 주택(빌라, 아파트)이 많아졌다.

2) 요즘은 교통이 편리하고 편의 시설이 잘 되어 있는 아파트를 선호하는 사람이 많다.

3) 공동 주택(빌라, 아파트)에서는 층간 소음 때문에 이웃과 갈등이 생기기도 한다.

4) 은퇴를 한 노년층은 도시 주변(외곽)에 전원주택을 짓고 살기도 한다.

| 빌라 | 아파트 | 전원주택 |

3. 거주 형태

1) **자가:** 자기가 소유한 집에서 사는 것을 말한다.

2) **전세:** 집주인에게 일정한 돈을 보증금으로 맡기고, 계약 기간 동안 집이나 방을 빌려 쓰는 방식으로, 한국에서만 널리 활용되는 거주 형태이다.

3) **월세:** 집주인에게 매달 일정한 돈을 내고 집이나 방을 빌려 쓰는 거주 형태이다.

4) **반전세:** 집주인에게 일정한 돈을 보증금으로 맡긴 후 전세금의 일부를 월세로 내는 것으로 한국에만 있는 특이한 거주 형태이다.

4. 집을 구하는 방법

1) 집을 구할 때는 부동산 중개업소(공인 중개사)를 통해 알아보는 것이 안전하다.

2) 전세 계약을 할 때는 등기부 등본을 꼼꼼하게 확인하고, 행정복지센터(주민 센터)에서 확정 일자를 받아 두는 것이 안전하다.

5. **층간 소음:** 아파트와 같은 공동 주택에서 입주민의 활동으로 발생하는 소음이 다른 입주민들에게 피해를 줄 만큼 불편할 때 쓰는 말이다. 공동 주택에 거주하는 사람이 증가하면서 심각한 사회 문제로 떠오르고 있다.

핵심 Quiz — 이건 꼭 알아야 해!

다음 빈칸에 알맞은 답을 적으시오.

1. 한국의 집은 과거에는 ☐☐☐☐이 많았지만 지금은 ☐☐☐☐이 많아졌다.
2. 요즘 한국에서 가장 선호하는 집은 ☐☐☐이다.
3. ☐☐는 집주인에게 일정한 돈을 보증금으로 맡기고 집을 빌려 쓰는 것이다.
4. 매달 집주인에게 일정한 돈을 내고 집이나 방을 빌려 쓰는 것을 ☐☐라고 한다.
5. 집을 구할 때는 ☐☐☐☐☐☐☐(공인 중개사)를 통해 알아보는 것이 안전하다.

정답 1 단독 주택, 공동 주택 2 아파트 3 전세 4 월세 5 부동산 중개업소

04 도시와 농촌

1. 도시

1) 특징
① 주요 정부 기관과 기업이 있고 상업 시설이 많아서 인구가 집중되어 있다.
② 교통 및 편의 시설이 잘 갖추어져 있어서 생활하기 편리하다.

2) 문제점: 산업화 이후 도시의 인구 증가로 주택 문제, 교통 혼잡 문제, 환경 오염 문제 등이 발생하고 있다.

3) 해결 방법: 도시 문제의 해결을 위해 주택 공급 확대, 대중교통 이용 장려 정책, 승용차 요일제, 일회용품 사용 규제 등 여러 가지 방법을 시도하고 있다.

2. 농촌

1) 특징
① 산업화가 진행되면서 인구가 전체의 10%로 감소했다.
② 같은 지역에서 오랫동안 함께 생활했기 때문에 주민 간의 관계가 친밀하다.

2) 문제점: 고령화와 인구 감소로 노동력 부족 문제, 교통 불편 문제, 편의 시설 부족 문제 등이 발생하고 있다.

3) 해결 방법: 농촌 문제의 해결을 위해 귀농·귀촌 지원 사업, 농업의 기계화 및 자동화, 편의 시설 확충, 정보화 교육 등 여러 가지 방법을 시도하고 있다.

핵심 Quiz — 이건 꼭 알아야 해!

다음 빈칸에 알맞은 답을 적으시오.

1. 도시는 □□ □□이 잘 갖추어져 있고 교통이 □□해서 생활하기 편리하다.
2. 한국의 도시는 인구 증가로 □□ 문제, □□ 문제, □□ □□ 문제 등이 발생하고 있다.
3. 산업화가 진행되면서 한국의 농촌은 인구가 많이 □□했다.

정답 1 편의 시설, 발달 2 주택, 교통, 환경 오염 3 감소

05 한국의 복지

1. 사회보험(4대 보험): 미래의 위험에 대비하기 위한 제도이다.

1) **건강보험:** 아파서 병원에 갈 때 의료비의 일부를 지원받을 수 있다.

2) **고용보험:** 회사에서 해고되었을 때 일정 기간 금전적 지원을 받을 수 있다.

3) **국민연금:** 나이가 들거나 아파서 더 이상 돈을 벌기 어려울 때 일정 금액을 생활비로 지급받을 수 있다.

4) **산업재해보상보험:** 산재보험이라고도 하며, 회사에서 일하다가 사고로 다쳤을 때 병원비 등 피해에 대한 보상을 받을 수 있다.

2. 공공부조: 생활이 어려운 사람들의 기본적인 생활 수준을 국가나 지방자치단체가 보장하여 지원해 주는 제도로, 생활비·교육비·의료비 등을 지원한다.

1) **국민 기초생활보장 제도:** 소득이 생계비보다 적은 저소득층에게 주거·교육·의료와 같은 기본적인 생활비를 지원한다.

2) **긴급 복지 지원 제도:** 갑작스럽게 어려운 일을 당해 생계유지가 어려워진 가구에게 생계비·주거비·의료비 등을 지원한다.

3) **의료급여 제도:** 경제적으로 생활이 곤란하여 의료비를 지불하기 어려운 국민을 대상으로 의료비를 지원한다.

3. 외국인 대상 지원 서비스

1) **대상:** 대한민국 국민과 혼인한 사람, 한국 국적을 가진 부모나 미성년 자녀를 돌보고 있는 사람, 법에 따라 난민으로 인정된 사람 등을 대상으로 한다.

2) **한국 생활 적응을 돕는 프로그램:** 한국어와 한국 문화를 배울 수 있는 프로그램을 운영하고, 통번역 서비스 등을 제공한다.

3) **임신·출산·육아 지원 서비스:** 임신을 한 상태이거나 출산을 앞둔 여성 결혼 이민자와 그 자녀(신생아)의 건강을 돌보는 서비스를 제공한다.

4) **취업과 근로 서비스:** 맞춤형 직무교육, 고용·산재보험 가입 등 한국에서 취업을 할 수 있도록 도움을 주는 서비스를 제공한다.

4. 외국인과 다문화 가족 지원 기관

1) 외국인종합안내센터(법무부)
① 담당 업무: 국내 체류 외국인의 출입국 행정 관리, 중앙 행정 기관·지자체·공공 기관 및 비영리 민간 기관의 외극인 관련 업무 수행에 필요한 통역 서비스를 지원한다.
② 전화번호: 1345
③ 홈페이지: www.immigration.go.kr

2) 고용복지플러스센터(고용노동부)
① 담당 업무: 외국인 근로자의 사업장 이동, 취업 확인서 발급, 고충 상담 등 취업과 권익 보호를 위한 서비스를 지원한다.
② 전화번호: 02-2004-7301
※ 관할지역에 따라 전화번호가 다르니 홈페이지를 확인하여 주시기 바랍니다.
③ 홈페이지: www.workplus.go.kr

3) 고용24(워크넷)
① 담당 업무: 채용 정보, 외국인 근로자 온라인 민원 서비스 등을 지원한다.
② 전화번호: 1350
③ 홈페이지: www.work24.go.kr

4) 다누리콜센터 다문화 가족 지원(여성가족부)
① 다누리콜센터
　㉠ 담당 업무: 다문화 가족과 여성 결혼 이민자에게 필요한 한국 생활 정보를 제공한다.
　㉡ 전화번호: 1577-1366
　㉢ 홈페이지: www.liveinkorea.kr
② 다문화 가족 지원 센터
　㉠ 담당 업무: 다문화 가족의 한국 사회 적응 지원, 자녀 언어발달 지원 서비스를 제공한다.
　㉡ 지역별로 운영되며 다누리콜센터에 전화하면 가장 가까운 센터로 안내해 준다.

5. 의료 기관

1) **약국**: 몸에 바르거나 먹는 약을 파는 곳이다. 보통 약은 약국에서 구입하지만 진통제, 감기약, 소화제 등은 편의점에서도 구입할 수 있다.

2) **보건소**: 국민의 건강을 지키기 위해 전국의 각 시·군·구에 설치한 공공 의료 기관이다.

3) **종합병원**: 안과, 정형외과, 이비인후과 등 여러 진료 과목을 갖춘 의료 기관이다.

4) **대학병원:** 의과·치과 대학생의 학습·실습을 목적으로 대학에 설립되었으며, 여러 진료 과목을 갖춘 교육 기관이자 의료 기관이다.

5) **처방전:** 의사가 아픈 사람에게 어떤 약을 먹으면 되는지 알려주는 종이이며, 병원에서 받은 처방전을 가지고 약국에 가면 알맞은 약을 처방받을 수 있다.

6) **예방 접종:** 전염성 질환을 예방하기 위하여 주사를 놓는 것을 말한다.

7) **구급약:** 응급 치료에 필요한 의약품을 말한다.

6. 안전한 한국 생활을 위한 유관 기관(신고 전화)

1) **경찰서(112):** 분실, 도난, 폭행 등 범죄 사건이 발생한 경우에 신고한다.

2) **소방서/구급대(119):** 화재나 응급 환자가 발생한 경우에 신고한다.

3) **사이버도우미(118):** 스마트폰·컴퓨터 해킹, 불법 스팸, 개인정보 침해 문제가 발생한 경우에 신고한다.

핵심 Quiz — 이건 꼭 알아야 해!

다음 빈칸에 알맞은 답을 적으시오.

1. 사회보험(4대 보험)에는 ☐☐☐☐, ☐☐☐☐, ☐☐☐☐, ☐☐☐☐☐☐☐이 있다.
2. ☐☐☐☐는 생활이 어려운 사람들의 기본적인 생활 수준을 보장하는 제도이다.
3. ☐☐☐☐☐☐는 다문화 가족, 여성 결혼 이민자에게 필요한 한국 생활 정보를 제공한다.
4. 국민의 건강을 지키기 위해 전국의 각 시·군·구에 설치된 공공 의료 기관을 ☐☐☐라고 한다.

정답 1 건강보험, 고용보험, 국민연금, 산업재해보상보험 2 공공부조 3 다누리콜센터 4 보건소

06 출산과 보육

1. 출산을 지원하는 제도

1) 국민행복카드
  ① 임산부의 건강 관리와 출산에 필요한 비용의 일부를 지원한다.
  ② 임신·출산으로 인한 경제적 부담을 줄여 준다.

2) 임산부를 위한 보건소 서비스: 무료 산전(출산 전) 검사, 영양제 무료 제공 등의 서비스를 지원한다.

3) 임신·출산 지원금 또는 출산 축하금: 자녀 출산 시 지방자치단체별로 출산 지원금과 축하금을 지급한다.

2. 보육과 유아 교육 지원

1) 국민행복카드
  ① 영유아(0세부터 만 5세까지)에게 보육비나 유아 학비를 지원한다.
  ② 어린이집 보육비, 유치원 유아 학비를 결제할 수 있다.

2) 양육 수당 지원: 집에서 양육하는 경우 자녀 양육 수당을 지원한다. 지원 금액은 자녀의 연령에 따라 달라진다.

3) 아동 수당 지급: 만 8세 미만의 아동을 양육하는 가정에 아동 수당을 지원한다.

3. 어린이집

1) 0세부터 만 5세(초등학교 입학 전)까지의 영유아를 위한 보육 기관이며, 보건복지부 관할 기관이다.

2) 국공립 어린이집, 사립(직장, 종교 단체, 가정) 어린이집이 있다.

3) 보통 오전 9시~오후 4시는 기본 보육, 오후 4시~오후 7시 30분은 연장 보육으로 나뉜다.

4. 유치원

1) 만 3세부터 만 5세까지의 유아 교육을 담당하는 교육 기관이며, 교육부 관할 기관이다.

2) 국공립 유치원, 사립(법인, 종교 단체, 개인) 유치원이 있다. 일반적으로 국공립 유치원이 사립 유치원보다 저렴하다.

3) 보통 오전 9시~오후 2시로 운영되며, 종일반은 오전 7시 30분~오후 8시로도 운영된다.

※ 2024년 6월부터 유보통합으로 보건복지부 영유아 보육 업무가 교육부로 이관되었으며, 0세부터 만 5세까지의 영유아 발달 특성에 맞는 맞춤형 교육이 시행되고 있습니다. 관련 규정과 세부 내용은 변경될 수 있으므로 자세한 사항은 관련 기관의 홈페이지를 참고하여 주시기 바랍니다.

핵심Quiz — 이건 꼭 알아야 해!

다음 빈칸에 알맞은 답을 적으시오.

1. ☐☐☐☐☐☐로 임산부의 출산에 필요한 비용을 지원받을 수 있다.
2. ☐☐☐☐은 0세부터 만 5세(초등학교 입학 전)까지의 영유아를 보육하는 기관이다.
3. ☐☐☐은 만 3세부터 만 5세까지의 유아 교육을 담당한다.

정답 1 국민행복카드 2 어린이집 3 유치원

07 한국의 교육

1. 초등 교육

1) 무상교육이자 의무교육이며, 초등학교는 6년 과정으로 구성되어 있다.

2) 만 6세(한국 나이 8세)에 초등학교에 입학한다.

2. 중등 교육

1) **중학교**
   ① 무상교육이자 의무교육이며, 중학교는 3년 과정으로 구성되어 있다.
   ② 일반 중학교와 특수 목적 중학교가 있다.

2) **고등학교**
   ① 무상교육이지만 의무교육은 아니며, 고등학교는 3년 과정으로 구성되어 있다.
   ② 일반계 고등학교, 특수 목적 고등학교, 특성화 고등학교, 자율형 고등학교로 구분된다.

3. 고등 교육

1) **대학교**
   ① 학문 분야와 특성에 따라 2·3·4년제 대학교가 있다.
   ② 방송이나 인터넷을 통해 공부하는 대학도 있다.

2) **대학원**: 석사 과정과 박사 과정이 있으며, 일정 기준 충족 후 졸업하면 학위를 받는다.

4. 한국 교육의 특징

1) 초등학교 6년과 중학교 3년, 총 9년의 교육과정은 의무교육이다.

2) 한국은 대학 진학률과 교육열이 높다.
   ① 좋은 대학교 진학이 취업, 임금, 결혼 등에 영향을 주기 때문이다.
   ② 높은 교육열로 학생들은 스트레스를 받기도 한다.
   ③ 부모들은 교육비 때문에 경제적인 부담이 큰 편이다.

3) 영어 교육에 대한 관심이 높아서 조기 유학을 보내는 경우도 있다.
   ① 자녀들의 조기 유학 때문에 가족이 떨어져 살기도 한다.
   ② 자녀 유학을 위해 한국에 혼자 남아서 생활하는 아빠나 엄마를 '기러기 아빠, 기러기 엄마'라고 하며, 이런 가족을 '기러기 가족'이라고 한다.

핵심 Quiz — 이건 꼭 알아야 해!

다음 빈칸에 알맞은 답을 적으시오.

1. 한국에서는 초등학교(6년)와 중학교(3년) 과정이 ☐☐☐☐으로 정해져 있다.
2. 한국에서는 좋은 대학교를 졸업하면 취업, 임금, 결혼에서 유리하다. 그래서 대학 진학률과 ☐☐☐이 높다.
3. 자녀들의 조기 유학 때문에 한국에 혼자 남아서 생활하는 ☐☐☐ 아빠·엄마가 생긴다.

정답 1 의무교육 2 교육열 3 기러기

08 전통 의식주

1. 의(옷)

1) **한복:** 한복은 옛날부터 전해 내려오는 한국의 전통 옷이다.

2) **한복의 구성**
   ① 여자: 치마, 저고리, 배자, 마고자 등
   ② 남자: 바지, 저고리, 조끼, 두루마기 등

3) **한복의 옷감**
   ① 여름: 바람이 잘 통하는 삼베나 모시를 사용해 시원하게 만들었다.
   ② 겨울: 두꺼운 솜이나 비단을 사용해 따뜻하게 만들었다.

4) 요즘은 설날, 추석 등의 경절이나 결혼식, 돌잔치 등의 행사가 있을 때 한복을 입는다.

5) 현대에는 전통적인 디자인은 유지하면서 활동성과 실용성을 높인 한복이 만들어지고 있다.

2. 식(음식)

1) 한국의 주식은 쌀로 만든 밥이다.

2) 밥과 국은 숟가락으로, 반찬은 젓가락으로 먹는다.

3) 된장, 간장, 고추장과 새우젓, 오징어젓 등의 발효 음식이 발달했다.

4) **장 담그기:** 한국 음식의 기본 양념인 장(된장, 간장, 고추장 등)을 만들어 이웃과 나누어 먹는 '장 담그기' 문화는 세대 간 전승되어 온 전통으로, 2024년 유네스코 무형문화유산에 등재되었다.

5) **김치**
   ① 김치는 한국의 가장 대표적인 음식으로, 배추, 무, 오이 등의 채소를 소금에 절이고 양념을 버무려 발효시킨 음식이다.
   ② 김장: 11월 말~12월 초에 겨울 동안 먹을 많은 양의 김치를 한꺼번에 담그는 것이다.

3. 주(집)

1) **한옥:** 한국의 전통적인 생활 모습이 반영된 집이다.

2) 한옥은 지붕을 만드는 재료에 따라 기와집과 초가집으로 나뉜다.
   ① **기와집**: 주로 신분이 높은 양반이나 부자들이 살았다.
   ② **초가집**: 주로 신분이 낮은 서민들이 살았다.

기와집

초가집

3) **한옥의 냉난방 장치**
   ① **온돌**: 아궁이에 불을 때어 방을 따뜻하게 만드는 난방 장치이다.
   ② **대청마루**: 방과 방 사이에 긴 널빤지를 깔아 만든 공간이다. 바람이 잘 통해 더위를 피할 수 있다.

핵심 Quiz — 이건 꼭 알아야 해!

다음 빈칸에 알맞은 답을 적으시오.

1. ☐☐은 옛날부터 전해 내려오는 한국의 전통 옷이다.
2. 한국의 가장 대표적인 음식으로, 소금에 절인 채소에 양념을 버무려 발효시킨 것은 ☐☐이다.
3. 한국의 전통 집인 한옥의 난방 시스템은 ☐☐이다.
4. 한옥에는 여름에 더위를 피하기 위해 ☐☐☐☐를 만들었다.

정답 1 한복 2 김치 3 온돌 4 대청마루

09 명절과 국경일

1. 한국의 대표적인 명절

구분	설날(New Year's Day)	추석/한가위(Thanks Giving Day)
날짜	음력 1월 1일	음력 8월 15일
의미	한 해를 시작하는 첫날	곡식을 수확하고 조상께 감사하는 날
음식	떡국 – 장수를 의미하는 가래떡을 납작하게 썰어서 끓인 음식	송편 – 쌀을 가지고 달 모양으로 만든 떡
풍습	세배(세뱃돈), 차례, 설빔(새 옷), 성묘	차례, 성묘, 벌초
놀이	윷놀이, 연날리기, 제기차기	달맞이, 강강술래

2. 그 밖의 명절

1) 단오
   ① 날짜: 음력 5월 5일
   ② 의미: 모내기를 끝내고 풍년을 기원하는 날
   ③ 풍습: 창포물에 머리 감기, 그네뛰기, 씨름 등이 있다.

윷놀이

2) 동지
   ① 날짜: 양력 12월 20일경
   ② 의미: 일 년 중 밤이 가장 긴 날
   ③ 풍습: 팥죽(동지죽, 동지팥죽)을 먹으면 나쁜 운이 사라진다고 믿는다.

3) 한식
   ① 날짜: 동지 후 105일째 되는 날
   ② 풍습: 불을 사용하지 않고 찬 음식을 먹는다.

강강술래

4) 정월 대보름
   ① 날짜: 음력 1월 15일
   ② 풍습: 오곡밥을 먹고 부럼을 깨물면 피부병(부스럼)이 생기지 않는다고 믿는다.

3. 국가무형유산 지정: 설과 대보름, 단오, 추석, 동지, 한식이 2023년 12월 18일에 신규 국가무형유산으로 지정되었다.

4. 한국의 국경일

1) **삼일절(3월 1일):** 일본으로부터의 독립을 원한다는 것을 보여주기 위해 모든 국민이 '대한 독립 만세'를 외친 날이다.

2) **제헌절(7월 17일):** 대한민국 헌법을 제정하고 공포한 날이다.

3) **광복절(8월 15일):** 일본으로부터 독립하고 나라의 주권을 다시 찾은 날이다.

4) **개천절(10월 3일):** 한반도에 처음으로 나라가 세워진 것을 기념하는 날이다.

5) **한글날(10월 9일):** 한글이 만들어진 것(창제된 것)을 기념하는 날이다.

5. 한국의 기념일

1) **식목일(4월 5일):** 환경 보호를 위해 나무를 심는 날이다.

2) **성년의 날(5월 셋째 주 월요일):** 성년(만 19세)이 된 것을 기념하는 날이다.

3) **어린이날(5월 5일):** 어린이를 소중히 여기고 존중하는 마음을 갖는 날이다.

4) **어버이날(5월 8일):** 부모님께 감사한 마음을 전하는 날이다.

5) **스승의 날(5월 15일):** 선생님께 감사한 마음을 전하는 날이다.

6) **현충일(6월 6일):** 나라를 위해 싸우다가 죽은 사람들을 추모하는 날이다.

핵심 Quiz — 이건 꼭 알아야 해!

다음 빈칸에 알맞은 답을 적으시오.

1. 한 해의 시작을 기념하는 한국의 대표적인 명절은 □□이다.
2. 설날에는 가족들이 모여 장수를 기원하는 의미가 있는 □□을 함께 먹는다.
3. 추석에는 □□이라는 떡을 가족들과 함께 만들어 먹는다.
4. 설날과 추석에는 조상을 생각하면서 □□를 지낸다.
5. □□□은 대한민국의 독립을 바라는 마음으로 모든 국민이 만세를 부른 날이다.
6. □□□은 한국이 일본으로부터 독립하고 주권을 다시 찾은 날이다.
7. 대한민국 헌법을 제정하고 공포한 것을 기념하는 날은 □□□이다.
8. 부모님께 감사한 마음을 전하는 날은 □□□□이다.
9. □□□은 나라를 위해 싸우다가 죽은 사람들을 생각하며 감사하는 날이다.

정답 1 설날 2 떡국 3 송편 4 차례 5 삼일절 6 광복절 7 제헌절 8 어버이날 9 현충일

10 한국의 의례

1. 주요 의례

1) **결혼식:** 남녀가 정식으로 부부가 되는 의례이다. 축하하는 뜻을 나타내기 위해서 내는 돈으로 '축의금'을 낸다.

2) **장례식:** 사람이 죽으면 죽은 사람에 대한 예를 갖추어 떠나보내는 의례이다. 다른 사람의 죽음을 슬퍼하는 뜻을 나타내기 위해서 내는 돈으로 '조의금(부의금)'을 낸다.

3) **제사:** 조상이 돌아가신 날이나 명절에 조상을 추모하는 의례이다.

2. 탄생과 관련된 의례

1) **생일:** 한국에서는 생일에 미역국을 먹는다. 가족이나 친구들이 함께 모여 식사를 하고 선물을 주고받으며 생일을 축하하고, 생일 케이크를 나누어 먹는다.

2) **돌잔치:** 첫 번째 맞는 생일에 돌잔치를 한다. 돌잔치에는 '돌잡이'를 하며 아기의 미래를 예측한다.

3) **환갑/회갑:** 태어난 지 60년이 되는 날을 환갑 또는 회갑이라고 한다. 자녀들이 큰 잔치를 열어 부모님의 장수를 기원한다. 태어난 날을 첫 번째 생일로 계산하면 61번째 생일이 된다.

핵심 Quiz — 이건 꼭 알아야 해!

다음 빈칸에 알맞은 답을 적으시오.

1. 조상이 죽은 날이나 명절에 조상을 추모하는 의례를 ☐☐라고 한다.
2. 한국에서는 생일에 ☐☐☐을 먹는다. 요즘은 생일에 케이크도 먹는다.
3. 아기의 첫 번째 생일에는 ☐☐☐를 한다.
4. 61번째 생일을 ☐☐ 또는 ☐☐이라고 한다.

정답 1 제사 2 미역국 3 돌잔치 4 환갑, 회갑

11 한국의 대중문화

1. 노래

1) 한국 노래에는 트로트, 발라드, 힙합, R&B 등 다양한 장르가 있다.

2) 많은 사람이 즐겨 부르는 노래를 대중가요라고 하며, 어떤 시기에 특히 큰 인기를 얻는 '유행가'도 자주 나타난다.

2. 드라마와 영화

1) **드라마**
   ① 한국 드라마는 아침 연속극, 일일 연속극, 미니시리즈(월·화/수·목), 주말 연속극 등 다양하다.
   ② 드라마의 내용뿐만 아니라 배우들의 패션, 등장하는 장소 등에도 많은 관심을 갖는다.
   ③ 인기 있는 드라마에 등장하는 물건이나 음식, 음료 등이 갑자기 많이 팔리는 등의 현상도 일어난다.

2) **영화**
   ① 한국 사람들은 영화관에서 영화를 많이 보는 편이다.
   ② 한국 영화가 국제 영화제에서 상을 받기도 한다.

3. 스포츠

1) **대중 스포츠:** 다양한 스포츠를 좋아하는데 야구, 축구 등이 특히 인기가 높다.

2) **세계 대회:** 한국은 양궁, 태권도, 쇼트트랙, 스피드 스케이팅, 피겨 스케이팅 등에서 최고의 실력을 보여주고 있다.

4. 한류

1) 과거에는 해외의 문화 콘텐츠가 한국에 들어왔지만 1990년대 말부터 한국의 문화가 아시아를 중심으로 세계에 확산되고 있다.

2) 특히 한국 드라마(K-drama)와 케이팝(K-pop) 등이 인기가 많다.

100점 맞는 꿀팁

'한류'란?

1990년대 말부터 아시아를 중심으로 일어난 한국 대중문화 열풍이다. 여러 나라에서 한국 드라마가 인기를 끈 것으로 시작되었고, 최근에는 K-pop이 큰 관심을 얻고 있다.

핵심 Quiz — 이건 꼭 알아야 해!

다음 빈칸에 알맞은 답을 적으시오.

1. 한국에서는 여러 스포츠 중에서 ☐☐와 ☐☐가 가장 인기 있다.
2. 한국의 문화가 아시아를 시작으로 전 세계에 확산되는 현상을 ☐☐라고 한다.
3. 한국 문화 중에서 특히 ☐☐☐와 K-pop이 인기가 많다.

정답 1 야구, 축구 2 한류 3 드라마

12 한국의 종교

1. 전통 신앙: 옛날 사람들은 태양, 별, 바다, 나무 등의 자연 또는 천지신명(영적 존재)을 숭배했다.

2. 불교

1) 석가모니가 만든 종교로, 삼국 시대(4세기)에 중국을 통해 들어왔다.

2) 불교는 한국에서 가장 오래된 외래 종교이며 절, 탑, 불상 등의 많은 문화유산을 남겼다.

3. 유교

1) 효(효도)와 예절(예의)를 강조한다.

2) 가족과 친척을 소중하게 여기는 혈연 의식을 중요하게 생각한다. 제사 등의 유교 전통은 지금까지도 한국의 문화에 많은 영향을 주고 있다.

3) 유교 문화를 토대로 만들어진 교육 기관인 향교는 지금도 전국 여러 곳에서 운영되고 있다.

4. 기독교

1) 천주교
  ① 17세기에 서양의 학문과 함께 한국에 들어왔다.
  ② 천주교가 처음 들어왔을 때는 종교가 아닌 서양의 학문으로 받아들여졌다.
  ③ 천주교는 성당에서 미사를 드린다.

2) 개신교
  ① 19세기에 서양의 선교사를 통해 한국에 전파되었다.
  ② 개신교가 들어오면서 학교와 병원이 많이 세워졌고, 교육과 보건에 큰 영향을 주었다.
  ③ 개신교는 교회에서 예배를 드린다.

5. 오늘날 한국의 종교

1) 한국은 종교의 자유가 있다.

2) 한국 사회에서 종교는 개인의 안정감과 행복감, 공동체 유지와 발전에 영향을 준다.

3) 많은 종교 단체가 어려운 이웃을 돕는 활동이나 외국인을 위한 활동을 하고 있다.

4) 음력 4월 8일 석가탄신일(부처님 오신 날)과 양력 12월 25일 성탄절(크리스마스)은 공휴일로 지정되어 있다.

핵심 Quiz — 이건 꼭 알아야 해!

다음 빈칸에 알맞은 답을 적으시오.

1. ☐☐는 한국에서 가장 오래된 외래 종교로 절, 탑, 불상 등 많은 문화유산을 남겼다.
2. 지금도 한국은 ☐☐의 영향을 받아 효와 예절을 중요하게 생각하는 문화가 남아 있다.
3. ☐☐☐는 19세기에 서양의 선교사를 통해 한국에 전파되었고 근대 교육과 보건에 큰 영향을 주었다.
4. 한국에서는 ☐☐☐☐☐(음 4/8)과 ☐☐☐(양 12/25)이 공휴일로 지정되어 있다.

정답 1 불교 2 유교 3 개신교 4 석가탄신일, 성탄절

13 한국의 전통 가치와 연고

1. 전통 가치

1) **효:** 한국에서는 '효'를 중요하게 생각한다. '효'는 부모를 공경하고 기쁘게 해 드리는 것이다.

2) **예절:** 한국은 '예절'을 강조하는 나라이다. '예절'은 자신의 몸과 마음을 바르게 하여 상대방을 존중하는 것인데, 높임말과 인사법 등을 잘 알고 지켜야 한다.

3) **상부상조:** 한국에서는 이웃과 서로 도우며 살아가는 것을 중요하게 생각했는데, 이것을 '상부상조'라고 한다.

4) **공동체:** 한국에서는 농경 사회를 거치면서 개인보다 '공동체'를 중요하게 생각했고, 자신과 관계있는 이야기를 할 때 '우리'라는 표현을 사용한다.

2. 연고: 서로의 공통점, 비슷한 점 등을 연결 고리로 하여 맺어지는 관계

1) **혈연:** 가족이나 친족 관계 등으로 맺어진 인연

2) **지연:** 같은 고향이나 출신 지역으로 맺어진 인연

3) **학연:** 같은 학교 출신으로 맺어진 인연

핵심Quiz — 이건 꼭 알아야 해!

다음 빈칸에 알맞은 답을 적으시오.

1. 한국에서는 부모를 공경하고 기쁘게 해 드리는 □를 중시한다.
2. 가족이나 친족 관계 등으로 맺어진 인연을 □□이라고 한다.
3. 같은 고향이나 출신 지역으로 맺어진 인연을 □□이라고 한다.
4. 같은 학교 출신으로 맺어진 인연을 □□이라고 한다.
5. 이웃과 서로 도우며 살아가는 것을 □□□□라고 한다.

정답 1 효 2 혈연 3 지연 4 학연 5 상부상조

14 한국의 정치와 민주주의

1. 정치와 민주주의

1) 정치
    ① 넓은 의미의 정치: 사람들 사이에 서로 다른 이해관계를 조정하는 것
    ② 좁은 의미의 정치: 나라를 통치하는 일

2) **민주주의:** 모든 국민이 권력을 가지고 자유롭고 평등하게 의사 결정에 참여하여 권력을 행사하는 제도나 정치를 말한다. 기본적 인권, 자유권, 평등권, 다수결의 원리, 법치주의 따위를 기본 원리로 한다.

2. **한국의 정치:** 한국은 민주주의에 바탕을 둔 공화국이다. 대한민국 헌법 제1조에 한국의 민주주의 정신이 잘 나타나 있다.

> 〈대한민국 헌법 제1조〉
> 1. 대한민국은 민주공화국이다.
> 2. 대한민국의 주권은 국민에게 있고, 모든 권력은 국민으로부터 나온다.

3. 삼권분립(권력분립)의 원칙

1) 삼권분립의 원칙: 국가 권력이 한 곳에 집중되지 않도록 3개 기관으로 권력을 나눈다.

2) 한국의 삼권분립
    ① **행정부(정부):** 국민에게 필요한 정책을 직접 집행하면서 나라의 살림을 이끌어 가는 곳이다. 대통령을 중심으로 국무총리와 여러 개의 부, 처, 청, 위원회로 구성된다.
    ② **입법부(국회):** 국민 생활에 필요한 법을 만드는 곳이다. 국회의원 300명으로 구성된다.
    ③ **사법부(법원):** 법을 해석하고 적용하여 분쟁을 해결하는 곳이다. 법원의 종류로는 대법원, 고등법원, 지방법원, 가정법원 등이 있으며, 재판에는 민사 재판, 형사 재판, 가사 재판 등이 있다.

4. 한국의 민주주의 역사에서 중요한 사건

1) **4·19 혁명:** 1960년 부정 선거에 반발한 시민들의 시위로 시작되었으며, 그 결과 이승만이 대통령 자리에서 물러났다.

2) **5·18 민주화 운동:** 1980년 광주를 중심으로 민주 정부의 수립을 요구하는 민주화 운동이 일어났으며, 시위를 폭력적으로 진압하여 많은 시민이 다치거나 목숨을 잃었다. 5·18 민주화 운동은 세계 여러 나라의 민주화 운동에도 영향을 주었다.

3) **6월 민주 항쟁:** 1987년 민주화를 요구하며 전국적인 시위가 일어났으며, 그 결과 대통령 직선제 개헌이 이루어졌다.

핵심 Quiz — 이건 꼭 알아야 해!

다음 빈칸에 알맞은 답을 적으시오.
1. 대한민국은 ☐☐☐☐에 바탕을 둔 공화국이다.
2. 대한민국의 권력을 3개 기관으로 나눈 것을 '☐☐☐☐의 원칙'이라고 한다.
3. 국민 생활에 필요한 법을 만드는 곳은 ☐☐(입법부)이다.
4. 법을 해석하고 적용하여 분쟁을 해결하는 곳은 ☐☐(사법부)이다.
5. 정책을 직접 집행하면서 나라의 살림을 이끌어 가는 곳은 ☐☐(행정부)이다.

정답 1 민주주의 2 삼권분립(권력분립) 3 국회 4 법원 5 정부

15 한국의 선거

1. 선거의 4대 원칙

1) **보통 선거:** 일정한 나이가 되면 학력이나 신분, 성별 등에 관계없이 누구나 투표에 참여할 수 있다. 한국에서는 만 18세 이상이면 투표할 수 있다.

2) **평등 선거:** 모든 사람이 똑같이 한 표씩 투표한다.

3) **직접 선거:** 투표권을 가진 사람이 직접 투표해야 한다. 다른 사람이 대신 투표할 수 없다.

4) **비밀 선거:** 어느 후보나 정당에게 투표했는지 비밀이 보장되어야 한다.

2. 선거의 종류

1) **대통령 선거:** 대통령을 뽑기 위한 선거로, '대선'이라고도 한다. 대통령 선거는 5년에 한 번 실시하며, 한국에서 대통령은 한 사람이 한 번만 할 수 있다.

2) **국회의원 총선거:** 국회의원을 뽑기 위한 선거로, '총선'이라고도 한다. 국회의원 총선거는 4년에 한 번 실시하며, 한국에서 국회의원은 한 사람이 연임(여러 번 뽑힘)할 수 있다.

3) **지방선거:** 각 지역의 지방자치단체장, 지방의회의원, 교육감을 뽑기 위한 선거로, 4년에 한 번 실시한다.

핵심 Quiz — 이건 꼭 알아야 해!

다음 빈칸에 알맞은 답을 적으시오.

1. ☐☐ 선거: 모든 사람이 똑같이 한 표씩 투표한다.
2. ☐☐ 선거: 만 18세 이상이면 누구나 투표에 참여할 수 있다.
3. ☐☐ 선거: 다른 사람이 대신 투표할 수 없고 자기가 투표해야 한다.
4. ☐☐ 선거: 어느 후보나 정당을 선택했는지 말하지 않을 권리가 있다.
5. 대통령 선거는 ☐년에 한 번 실시하고, 한 사람이 두 번(중임) 할 수 없다.
6. 국회의원 총선거와 지방선거는 ☐년에 한 번 실시한다.

정답 1 평등 2 보통 3 직접 4 비밀 5 5 6 4

16 한국의 국제 관계

1. 남북 관계

1) **남한과 북한의 분단:** 1945년 해방(광복) 이후 남쪽에 미군, 북쪽에 소련군이 들어오면서 분단되었다.

2) **한국전쟁(6·25 전쟁):** 1950년 6월 25일에 북한의 남침으로 한국전쟁이 시작되었다. 한국전쟁은 3년 동안 계속되었고, 지금은 휴전 상태이다.

3) **남북 관계의 개선:** 2000년대에 들어 남북 관계가 많이 개선되었다. 많은 사람이 통일을 바라고 있다.

2. 주변 국가와의 관계

1) **중국:** 역사적으로 한국에 많은 영향을 주었다. 현재 한국의 최대 교역국이다.

2) **일본:** 과거에 일본이 한국을 식민지로 지배했던 것 때문에 갈등이 있다. 현재는 경제적, 문화적 교류가 활발하다.

3) **미국:** 남한의 우방 국가이다. 군사적, 경제적, 정치적으로 긴밀한 관계를 유지하고 있다.

4) **러시아:** 한국전쟁 때 북한을 도왔기 때문에 오랫동안 교류가 없었으나, 지금은 관계가 개선되었고 교류가 활발해졌다.

핵심 Quiz — 이건 꼭 알아야 해!

다음 빈칸에 알맞은 답을 적으시오.

1. 1950년 6월 25일에 ☐☐☐☐이 시작됐다.
2. ☐☐은 남한의 우방 국가로서 군사적·경제적·정치적으로 한국과 긴밀한 관계를 맺고 있다.
3. ☐☐은 현재 한국의 최대 교역국이고 역사적으로 한국에 많은 영향을 줬다.
4. ☐☐은 과거에 한국을 식민지로 지배해서 갈등이 아직 남아 있으나, 문화·경제 교류가 활발하다.

정답 1 한국전쟁 2 미국 3 중국 4 일본

17 한국의 경제 성장

1. 한강의 기적

1) **배경:** 1950년대 한국전쟁을 겪으면서 산업 시설이 대부분 파괴되었다. 1950년대 후반 대한민국은 스스로 경제를 발전시킬 방안을 찾기 시작했다.

2) **과정:** 국민 모두가 잘 사는 나라를 만들기 위해 노력하여 전 세계가 놀랄 정도로 빠르게 성장했다.

3) **결과:** 1인당 국민 총소득(GNI)이 1960년대 80달러에서 2024년 36,745달러로 약 459배 성장했다.

4) **의의:** 짧은 시간 동안 경제가 놀라울 정도로 빨리 성장했기 때문에 '한강의 기적'이라고 한다.

2. 한국의 경제 성장

1) **한국 경제 성장의 원인:** 가난을 이겨내고 잘 살아보겠다는 한국인의 의지와 노력, 높은 교육열이 한국의 경제 성장을 이끌었다.

2) **한국의 교육열:** 교육을 통해 기술을 배운 우수한 노동력 덕분에 빨리 성장할 수 있었다.

3) **한국의 경제 성장 지표**

   ① 2011년 한국의 무역 규모는 처음으로 1조 달러를 돌파하여 세계 8위를 차지했다.
   ② 2017년에는 한국의 1인당 국민 총소득이 30,000달러를 돌파했다.
   ③ 2018년에는 세계에서 7번째로 연간 수출액 6,000억 달러를 돌파했다.
   ④ 2022년에는 한국의 1인당 국민 총소득이 35,000달러를 돌파했다.

3. 한국 경제의 특징

1) 현재 한국의 산업 구조는 제조업과 서비스업이 주축을 이루고 있는 구조이다.

2) 한국은 첨단 산업 제품의 수출 증가로 무역 강국이 될 수 있었다.

3) 1996년에 경제협력개발기구(OECD)에 가입했다.

4) 2009년에 경제협력개발기구(OECD)의 개발원조위원회(DAC) 회원국으로 결정되어 2010년부터 정식으로 활동하고 있다. 세계 최초로 도움을 받던 나라에서 도움을 주는 나라가 되어 저개발 국가의 경제 성장을 지원하고 있다.

핵심 Quiz — 이건 꼭 알아야 해!

다음 빈칸에 알맞은 답을 적으시오.

1. 짧은 시간 동안 한국 경제가 아주 빨리 성장한 것을 '☐☐☐☐☐'이라고 한다.
2. 한국의 산업 구조는 ☐☐☐과 ☐☐☐☐이 주축을 이루고 있다.
3. 잘 살아보겠다는 한국인의 ☐☐와 ☐☐, 그리고 한국의 높은 ☐☐☐ 덕분에 한국 경제가 빠르게 성장할 수 있었다.
4. 한국은 2009년에 경제협력개발기구(OECD)의 ☐☐☐☐☐☐☐(DAC) 회원국으로 결정되어 세계 최초로 도움을 받던 나라에서 도움을 주는 나라가 되었다.

정답 1 한강의 기적 2 제조업, 서비스업 3 의지, 노력, 교육열 4 개발원조위원회

18 한국의 금융기관

1. 금융기관의 종류

1) **시중은행:** 전국 곳곳에 지점이 많이 설치되어 있어 이용이 편리하다.
   - 예) 신한은행, 국민은행, 하나은행, 우리은행, 제일은행, 기업은행 등

2) **지방은행:** 지역 경제의 발전에 필요한 자금을 공급하는 것을 주된 목적으로 설립한 은행이다.
   - 예) 경남은행, 광주은행, 부산은행, 전북은행, 제주은행 등
   - ※ 지방은행이었던 대구은행이 2024년에 iM뱅크로 이름을 변경하고, 시중은행으로 전환되었으니 참고하여 주시기 바랍니다.

3) **농협, 수협, 우체국:** 시중은행은 아니지만, 전국에 지점이 많아 편리하고 안정성도 높다.

4) **저축은행:** 시중은행보다 금리가 높지만, 규모가 작고 안전성이 조금 떨어진다.

5) **증권회사:** 주식이나 채권을 통해 더 많은 이익을 볼 수 있지만 안전성이 낮다.

6) **보험회사:** 미래의 질병이나 사고 등에 대비하기 위해서 보험을 들 수 있다.

7) **한국은행:** 대한민국의 중앙은행으로 화폐 발행과 금융 시스템 안정 등의 기능을 수행한다.

2. 저축 상품

1) **보통 예금:** 아무 때나 자유롭게 예금하고 찾을 수 있다.

2) **정기 예금:** 기간과 금액을 미리 정해 두고, 큰돈을 한꺼번에 예금하여 이자를 얻는다.

3) **정기 적금:** 조금씩 꾸준히 예금하고 만기일에 한꺼번에 찾는다.

3. 금융실명제

1) 한국에서는 모든 금융 거래를 본인의 이름으로 해야 한다. 다른 사람의 이름을 빌려서 계좌를 만들 수 없으며, 그렇게 할 경우에는 처벌을 받는다.

2) 은행 계좌를 만들기 위해서는 반드시 본인이 신분증을 가지고 직접 은행을 방문해야 한다.

3) 외국인이 은행 계좌를 만들려면 여권과 외국인등록증이 필요하다.

4. 예금자 보호 제도

1) 금융기관을 이용하는 사람들이 안심하고 예금할 수 있도록 만든 제도이다. 금융기관에 문제가 생길 경우, 예금보험공사가 예금을 지급하는 제도이다.

2) 금융기관별로 원금과 이자를 합쳐 1인당 최대 5천만 원까지 보호받을 수 있다.

※ 2025년 9월부터 예금자 보호 한도를 1인당 최대 1억 원까지 확대 시행할 계획이오니 참고하여 주시기 바랍니다.

핵심 Quiz — 이건 꼭 알아야 해!

다음 빈칸에 알맞은 답을 적으시오.

1. 신한은행, 국민은행, 하나은행 등의 ☐☐은행은 전국 곳곳에 지점이 많이 설치되어 있어 이용이 편리하다.
2. 금융 ☐☐☐는 모든 금융 거래를 본인의 이름으로 해야 하는 제도이다.
3. 예금자 보호 제도는 원금과 이자를 합쳐 금융기관별로 1인당 최대 ☐☐☐ 원까지 보장해 준다.

정답 1 시중 2 실명제 3 5천만

19 외국인의 권리와 의무

1. 외국인의 의무

1) **여권과 비자:** 외국인이 한국에 입국하기 위해서는 여권과 비자가 필요하다.

2) **외국인 등록:** 90일을 초과하여 한국에 체류하려면 관할 출입국·외국인청 또는 출입국·외국인사무소에서 외국인 등록을 해야 한다.

3) **체류지 변경 신고:** 체류지가 변경되면 전입일로부터 15일 이내(2020.12.10. 기준)에 체류지 변경 신고를 해야 한다.

4) **그 밖의 법적 의무**
   ① 한국에 머물 때는 한국에서 정한 법률을 따르고 공공질서를 잘 지켜야 한다. 또한 법률이 정한 대로 세금을 내야 한다.
   ② 출입국 관리법은 외국인을 대상으로 하는 특별한 법률이므로 잘 알고 지켜야 한다.

2. 외국인의 권리

1) 한국에서는 국적과 관계없이 인권을 보장하며, 국제법과 국가 간 조약에서 정한 내용에 따라 외국인의 기본적인 지위와 권리를 보장한다. 단, 정치적·경제적 권리나 복지 혜택 중 일부는 외국인에게 제한된다.

2) 범죄로부터 생명이나 재산을 보호받을 수 있다.

3) 행복한 삶을 추구할 수 있는 권리를 보장받을 수 있다.

4) 취업한 이후 근로기준법 등에 의해 적절한 노동 조건을 보장받는다.

5) 영주권 취득 후 3년이 지나고 해당 지방자치단체의 외국인등록대장에 올라가 있는 18세 이상의 외국인은 지방선거에 참여할 수 있다.

핵심 Quiz — 이건 꼭 알아야 해!

다음 빈칸에 알맞은 답을 적으시오.

1. 외국인이 한국에 입국하기 위해서는 ☐☐과 ☐☐가 필요하다.
2. 90일을 초과하여 한국에 체류하기 위해서는 ☐☐☐☐☐을 해야 한다.
3. ☐☐☐ 관리법은 외국인을 대상으로 하는 특별한 법률이다.

정답 1 여권, 비자 2 외국인 등록 3 출입국

20 한국의 생활 법률

1. 재산과 관련된 법률

1) 돈을 주고받을 때는 계약서를 작성하는 것이 좋다. 계약서를 쓰면 문제가 생겼을 때 법의 도움을 받을 수 있다.

2) 다른 사람에게 돈을 빌려주거나 빌릴 때는 차용증을 작성하는 것이 좋다. 차용증에는 돈을 거래한 사람의 이름, 주소, 연락처, 원금, 이자, 거래한 날짜, 서명 등이 포함되어야 한다.

3) 부동산(집, 땅, 건물)을 계약할 때는 계약서, 등기부 등본 등의 서류를 잘 확인해야 한다.
   ① **계약서**: 계약 내용을 증명하는 서류이다.
   ② **등기부 등본**: 부동산에 대한 권리, 거래 관계 등이 기록된 서류이다. 부동산 거래를 할 때 반드시 확인해야 한다.

4) 법률 전문가(법무사, 변호사, 공인 중개사)의 도움을 받으면 더 안전하게 거래할 수 있다.

2. 결혼과 이혼에 관련된 법률

1) 결혼을 하려면 두 사람 모두 만 18세 이상이어야 하며, 미성년자(만 19세 미만)는 부모 또는 후견인의 동의가 있어야 혼인 신고를 할 수 있다.

2) **혼인 신고**
   ① 법적으로 부부가 되려면 시청, 구청, 군청 등에 혼인 신고를 해야 한다.
   ② 결혼식만으로는 법적인 부부로 인정받을 수 없다. 부부가 받을 수 있는 법의 보호나 혜택을 받으려면 혼인 신고를 해야 한다.

3) **이혼**
   ① 부부가 모두 이혼을 원하면 가정법원의 확인을 받아서 이혼할 수 있다.
   ② 부부 중 한쪽이 큰 잘못을 했을 경우 가정법원의 판결을 통해 이혼할 수 있다. 경우에 따라 잘못한 쪽이 위자료를 지급하기도 한다.
   ③ 자녀의 양육권을 가진 쪽이 양육비를 청구할 수 있다.

3. 가족관계등록제도

1) **출생 신고:** 아이가 태어나면 행정복지센터(주민 센터), 시청, 구청, 군청, 인터넷(정부24) 등에 아이가 태어났음을 신고하는 제도이다.

2) **혼인 신고:** 법적인 부부로 인정받고 법의 보호를 받기 위해서 시청, 구청, 군청 등에서 신고하는 제도이다.

3) **사망 신고:** 사람이 죽은 것을 시청, 구청, 군청 등에 신고하는 제도이다.

핵심Quiz — 이건 꼭 알아야 해!

다음 빈칸에 알맞은 답을 적으시오.

1. 돈을 빌려주거나 빌릴 때 ☐☐☐ 을 작성하는 것이 좋다.
2. 부동산을 계약할 때는 계약서, ☐☐ 등본을 잘 확인해야 한다.
3. 한국에서는 만 ☐ 세 이상이 되어야 결혼할 수 있다.
4. 법적으로 부부가 되려면 시청, 구청, 군청 등에 ☐☐☐ 를 해야 한다.
5. 부부가 이혼을 원하면 ☐☐ 법원에 가서 확인을 받아야 한다.

정답 1 차용증 2 등기부 3 18 4 혼인 신고 5 가정

21 한국의 역사-고대

1. 고조선

1) **건국:** 한국 최초의 국가로, 기원전 2333년 단군왕검이 건국했다.

2) **특징:** 청동기 문화를 바탕으로 여러 부족을 통합하여 세운 나라이다.

3) **건국신화(단국신화):** 하느님(환인)의 아들 환웅과 호랑이, 곰에 관련된 건국신화가 삼국유사를 통해 전해진다.

> 하늘을 다스리는 왕(환인)의 아들 환웅은 바람, 구름, 비를 다스리는 신하를 데리고 태백산에 내려와 홍익인간의 뜻을 가지고 인간 세상을 다스렸다. 어느 날 곰과 호랑이가 환웅을 찾아와 인간이 되고 싶다고 하자, 환웅은 쑥과 마늘을 주며 "100일 동안 동굴 안에서 햇빛을 보지 않고 쑥과 마늘만 먹으면 인간이 될 수 있다."라고 했다. 호랑이는 100일을 참지 못하고 동굴에서 도망쳤고, 100일 동안 햇빛을 보지 않고 쑥과 마늘을 먹은 곰은 여자(웅녀)가 되어 환웅과 결혼했다. 환웅과 웅녀의 아이가 단군왕검이고, 단군왕검이 고조선을 세웠다.

4) **건국이념:** 홍익인간(널리 인간을 이롭게 한다)

5) **8조법:** 8조법으로 범죄를 엄하게 다스렸고, 곡물을 화폐처럼 썼으며, 신분제 사회였음을 알 수 있다. 당시에는 8개 조항이 있었지만 현재는 3개 조항만 전해진다.
   ① 사람을 죽인 자는 즉시 사형에 처한다.
   ② 남의 신체를 상하게(다치게) 한 자는 곡물로 보상한다.
   ③ 남의 물건을 훔친 자는 노비가 되며, 용서를 받으려면 돈을 내야 한다.

2. 삼국시대: 고조선의 멸망 후 신라, 고구려, 백제가 세워졌다.

1) **신라**
   ① 기원전 57년 박혁거세가 건국했다.
   ② 6세기경 진흥왕이 전성기를 이끌었다.
   ③ 삼국 중 가장 늦게 발전했으나 후에 문무왕이 삼국을 통일하여 통일 신라로 발전했다.
   ④ 진흥왕 때 화랑도라는 청소년 조직을 만들어 우수한 인재를 기르고 나라의 힘을 키웠다.

2) **고구려**
   ① 기원전 37년 주몽이 건국했다.
   ② 5세기경 광개토 대왕이 영토를 크게 확장하며 전성기를 이끌었다.

3) 백제

① 기원전 18년 온조가 건국했다.
② 4세기경 근초고왕이 전성기를 이끌었으며, 삼국 중 가장 먼저 발전했다.
③ 화려하고 섬세한 문화를 발전시켰으며, 일본 문화에 큰 영향을 주었다.

3. 남북국 시대: 신라가 삼국을 통일한 이후 남쪽에는 통일 신라, 북쪽에는 발해가 있었다.

1) 통일 신라

① 삼국을 통일한 신라는 경주(서라벌)를 수도로 정했다.
② 과학 기술이 발전했다. 첨성대를 통해 별자리 관측을 했고, 날씨를 예측하여 농업이 발전했다.
③ 장보고가 설치한 청해진으로 동아시아 해상 무역의 중심이 되었다.
④ 불교 문화를 크게 발전시켰다.

2) 발해

① 대조영이 동모산을 중심으로 발해를 건국했다.
② 발해는 고구려를 계승하여 세운 나라이다.
③ 선왕 때에는 해동성국(동쪽의 큰 나라)이라 불릴 정도로 세력이 강했다.

핵심 Quiz — 이건 꼭 알아야 해!

다음 빈칸에 알맞은 답을 적으시오.

1. 한국 최초의 국가는 □□□이다.
2. 삼국 시대는 □□, □□□, □□가 경쟁하던 시대이다.
3. 통일 신라의 수도는 □□(서라벌)였다.

정답 1 고조선 2 신라, 고구려, 백제 3 경주

22 한국의 역사-중세와 근세

1. 고려

1) **건국:** 통일 신라가 멸망한 후 918년에 왕건이 후삼국을 통일하고 고려를 건국했다.

2) **특징:** 귀족 중심의 신분제 사회였다. 또한 불교 국가였기 때문에 불교와 관련된 다양한 문화재(절, 불상)를 남겼다.

3) 벽란도는 항구로 중국, 일본, 아라비아 등 외국 상인들과 활발하게 무역을 하는 중요한 곳이었다.

4) 도자기 공예 기술이 뛰어났으며, 고려청자는 특히 고유한 색과 모양으로 유명하다.

5) 몽골의 침입을 막기 위해 목판 인쇄술로 불교 경전인 '팔만대장경'을 만들었다.

6) 인쇄술이 발달하여 세계 최초의 금속 활자본인 '직지심체요절'을 남겼다.

2. 조선

1) **건국:** 1392년 이성계가 고려를 멸망시키고 지금의 서울인 한양을 수도로 조선을 세웠다.

2) **특징:** 유교를 정치 이념으로 하였으며, 양반·중인·상민·천민으로 신분을 구분하는 신분제 사회였다.

3) **세종대왕**
  ① 한글 창제: 1443년에 백성들을 위해 한글을 창제했다.
  ② 과학 기술의 발달: 장영실 등의 학자들과 함께 많은 과학 기구를 발명했다.
   예) 자격루(물시계), 앙부일구(해시계), 혼천의(천체 관측 도구), 측우기 등

핵심 Quiz 이건 꼭 알아야 해!

다음 빈칸에 알맞은 답을 적으시오.
1. 고려 시대의 아름다운 도자기 ☐☐☐☐는 고유한 색과 모양으로 유명하다.
2. 조선은 ☐☐를 정치 이념으로 했다.
3. ☐☐☐☐은 많은 과학 기구를 발명했고, 1443년에 한글을 창제했다.

정답 1 고려청자 2 유교 3 세종대왕

23 한국의 역사-근대

1. 개화기

1) 서양의 조선 침략

① 19세기 말 미국과 프랑스 등 여러 나라가 조선과 교류할 것을 원했지만 조선에서 이를 거절하여 침략이 일어났다.

② 프랑스가 조선을 침략한 병인양요(1866년), 미국이 조선을 침략한 신미양요(1871년) 등이 있다.

2) 흥선대원군

① 서양의 어느 나라와도 교류하지 않는 쇄국(배외) 정책으로 척화비를 세우는 등 서양의 문물이 들어오는 것을 막았다.

② 흥선대원군의 쇄국 정책으로 조선의 주권을 지킬 수 있었지만 발달된 문화를 늦게 받아들여 발전이 늦어졌다.

2. 일제 강점기

1) 1910년 일본에게 주권을 빼앗겼다.

2) 일본의 강압적인 통치로 많은 한국인이 고문당하고 목숨을 잃는 등 고통을 받았다.

3) 일본의 통치에서 벗어나기 위해 독립운동이 국내외에서 끊임없이 일어났다.
    예 3·1 운동, 대한민국 임시 정부(상하이) 수립

4) **독립운동가:** 유관순, 안중근, 윤봉길, 김구, 주시경, 안창호 등 많은 사람이 독립운동을 이끌었다.

5) 1945년 8월 15일 일본으로부터 독립하여 나라를 되찾았으며(광복), 1948년 8월 15일 대한민국 정부가 수립되었다.

핵심 Quiz — 이건 꼭 알아야 해!

다음 빈칸에 알맞은 답을 적으시오.

1. 19세기 말 흥선대원군은 다른 나라와 교류하지 않는 □□ 정책을 폈다.
2. 1910년 한국(대한제국)은 일본에게 □□을 빼앗겼다.
3. 일제 강점기에 한국인들은 끊임없이 □□□□을 했다.

정답 1 쇄국(배외) 2 주권 3 독립운동

24 한국의 역사적 인물

1. 나라를 위기에서 구한 위인

1) **을지문덕:** 612년에 중국 수나라가 고구려의 수도 평양을 공격했을 때 살수(청천강)에서 침입을 막았다.

2) **서희:** 993년에 거란족이 침입하려고 할 때, 고려의 장군이었던 서희가 거란족의 장군과 대화를 해서 전쟁을 막았다. 역사상 가장 훌륭한 외교 활동으로 기록되었다.

3) **강감찬:** 고려의 장군이었던 강감찬이 뛰어난 작전을 바탕으로 거란족과 싸워 흥화진 전투와 귀주대첩에서 승리를 거두었다.

4) **이순신:** 1592년부터 1598년까지 일본이 조선을 침략한 임진왜란에서 크게 활약했다. 거북선을 이용해 나라를 구했다.

2. 한국 역사 속 여성 위인

1) **선덕여왕:** 신라 제27대 왕으로, 한국사 최초의 여왕이다. 김유신과 김춘추 등 뛰어난 인재를 등용했으며, 분황사와 황룡사 대탑을 건설하며 통일 신라의 문화 발전을 위해 노력했고 이를 통해 정치적 안정을 이루었다.

2) **허난설헌:** 조선 시대 시인으로, '홍길동전'을 쓴 허균의 누나이다. 허난설헌이 죽은 후 동생인 허균이 허난설헌의 시를 모아 책으로 만들었으며, 허난설헌의 작품은 중국과 일본에서 높이 평가받았고 많은 인기를 얻었다.

3) **김만덕:** 조선 시대 사회활동가로, 제주도에서 장사를 하며 큰돈을 모았다. 제주도에 흉년이 들었을 때 사람들에게 쌀을 나누어 주는 등 좋은 일을 많이 했으며, 지금도 제주도에서는 좋은 일을 한 사람에게 '김만덕상'을 준다.

4) **유관순:** 일제 강점기였던 1919년 3월 1일, 17살의 나이에 3·1 운동을 이끌었다. 3·1 운동으로 일본 경찰에게 잡혀 서대문 형무소에 수감되었으나, 형무소 안에서도 만세 운동을 했다. 일본 경찰의 폭행과 영양 부족으로 19세에 감옥에서 목숨을 잃었다.

3. 화폐 속 위인

1) **이순신**: 백 원짜리 동전에 그려져 있다. 이순신은 임진왜란에서 크게 활약하며 나라를 지킨 장군이다.

2) **퇴계 이황**: 천 원권 지폐에 그려져 있다. 이황은 학문을 갈고 닦아 교육에 힘쓴 학자이다.

3) **율곡 이이**: 오천 원권 지폐에 그려져 있다. 이이는 학문을 바탕으로 사회를 개혁하려고 노력한 학자이다. 십만양병설을 주장했으나 실시되지는 못했다.

4) **세종대왕**: 만 원권 지폐에 그려져 있다. 역사상 가장 존경받는 왕으로, 한글을 창제하고 여러 가지 과학적 발명도 했다.

5) **신사임당**: 오만 원권 지폐에 그려져 있으며, 화폐 속 인물 중 유일한 여성이다. 뛰어난 예술가였으며, 율곡 이이의 어머니이다.

핵심 Quiz — 이건 꼭 알아야 해!

다음 빈칸에 알맞은 답을 적으시오.

1. ☐☐☐ 장군은 일본이 조선을 침략했을 때 나라를 구한 영웅이다.
2. ☐☐☐은 1919년에 3·1 운동을 이끌었다.
3. ☐☐☐은 제주도의 백성들이 굶어 죽지 않도록 도와주었다.
4. 한국의 오만 원권 지폐에는 ☐☐☐☐이 그려져 있다.

정답 1 이순신 2 유관순 3 김만덕 4 신사임당

25 한국의 기후와 지형

1. 한국의 기후: 한국은 봄, 여름, 가을, 겨울의 사계절이 뚜렷하다.

1) **봄(3~5월):** 대체로 포근하고 따뜻하다. 꽃이 많이 피어 꽃구경을 가는 사람들이 많다. 미세 먼지와 황사에 대비하기 위해 마스크를 쓰기도 한다.

2) **여름(6~8월):** 덥고 비가 많이 내려서 습하다. 더위를 피해 강이나 산(계곡), 바다로 피서를 가는 사람이 많다. 태풍이나 집중 호우가 자주 발생한다.

3) **가을(9~11월):** 맑고 화창하며 덥지도 춥지도 않은 시원한 날씨가 특징이다. 단풍이 아름답게 들기 때문에 단풍 구경을 가는 사람이 많다.

4) **겨울(12~2월):** 춥고 건조하며 눈이 내린다. 겨울이 시작될 때 김장을 하며, 스키나 눈썰매를 즐기는 사람들이 많다.

2. 한국의 지형

1) 동쪽은 높고(고), 서쪽은 낮은(저) '동고서저'의 지형이다.

2) 산이 많다. 국토의 65%가 산으로 이루어져 있다.

3) 서쪽과 남쪽 지역에는 호남평야, 나주평야, 김포평야 등 평야가 많다.

4) 삼면이 바다로 둘러싸여 있다. 북쪽을 제외한 동쪽, 서쪽, 남쪽이 바다로 둘러싸여 있다.

5) 동해안은 해안선이 단조롭고 수심이 깊다.

6) 서해안과 남해안은 해안선이 복잡하고 수심이 얕으며 갯벌이 잘 발달되어 있다.

7) 한국에서 가장 큰 섬인 제주도에는 한국에서 가장 높은 산인 한라산(1,950m)이 있다.

핵심 Quiz — 이건 꼭 알아야 해!

다음 빈칸에 알맞은 답을 적으시오.

1. '동☐서☐'는 동쪽은 높고 서쪽은 낮은 한국 지형의 특징을 나타내는 말이다.
2. 한국은 북쪽을 제외한 동쪽, 서쪽, 남쪽 이렇게 ☐☐이 바다로 둘러싸여 있다.
3. ☐해안은 해안선이 단조롭고, ☐해안과 ☐해안은 해안선이 복잡하다.

정답 1 고, 저 2 삼면 3 동, 서, 남

26 한국의 여러 지역

1. 수도권: 수도인 서울을 중심으로 이루어진 대도시권을 말한다.

1) **서울:** 서울은 한국의 수도로 정치, 경제, 문화, 역사의 중심지이다.

2) **경기도**
   ① 전국에서 가장 많은 인구가 살고 있다.
   ② 경기도에는 계속 신도시가 생기고 있으며, 여러 산업이 발달했다.

3) **인천광역시:** 한국 제2의 항구 도시로, 한국 최대의 공항인 인천 국제공항이 있다.

4) **지역 축제:** 서울 빛초롱 축제, 고양 국제 꽃 박람회, 강화 고려 인삼 축제, 이천 도자기 축제 등

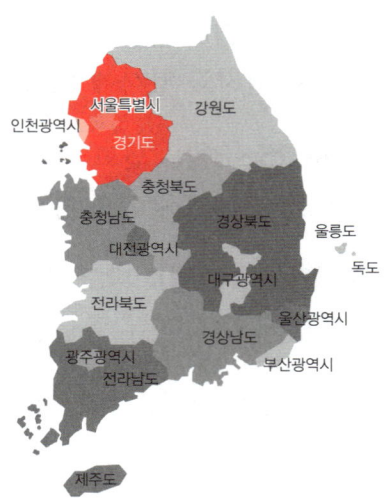

2. 충청 지역: 수도권과 전라도, 경상도, 강원도를 이어주는 역할을 한다. 충청남도와 충청북도, 대전광역시, 세종특별자치시로 구성되어 있다.

1) **공주, 부여:** 백제의 수도였던 공주와 부여에는 많은 문화 유산이 있다.

2) **세종특별자치시:** 국토를 균형 있게 발전시키고 수도권 인구 집중을 해결하기 위해 만든 도시이다.

3) **대전광역시:** 1992년에 만들어진 대덕 연구단지(과학·기술)가 있고, 1993년 세계 박람회(EXPO)가 개최되었다.

4) **지역 축제:** 보령 머드 축제, 백제 문화제, 대전 사이언스 페스티벌, 금산 인삼 축제 등

3. 전라 지역: 한국의 서남부에 있으며, 호남 지역이라고 부르기도 한다. 전라남도와 전라북도, 광주광역시로 구성되어 있다.

1) **특징**

① 평야에서는 쌀을, 서해와 남해의 양식장에서는 다양한 해산물을 생산한다. 식량 자원이 풍부해서 음식 문화가 발달했다.
② 판소리, 민요 등의 전통문화가 잘 보존되어 있다.
③ 2012년 여수에서 세계 박람회가 개최되었다.
④ 2024년 1월부터 전라북도가 전북특별자치도로 명칭이 변경되었다.

2) **광주광역시**: 자동차, 타이어, 첨단 산업, 가전제품 등의 공업단지가 있다.

3) **지역 축제**: 전주 세계 소리 축제, 광주 디자인 비엔날레, 남원 춘향제, 순천 남도음식문화 큰잔치 등

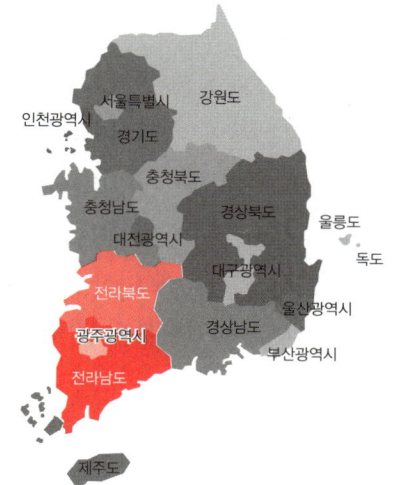

4. 경상 지역: 한국의 동남부에 있고, 영남 지역이라고 부르기도 한다. 경상남도와 경상북도, 대구광역시, 울산광역시, 부산광역시로 구성되어 있다.

1) **특징**: 자동차, 조선, 철강, 기계 등의 공업단지가 있다.

2) **대구광역시**: 다른 지역에 비해 여름에 매우 덥다.

3) **울산광역시**: 한국에서 가장 큰 중화학 공업 도시이다.

4) **부산광역시**: 한국에서 두 번째로 큰 도시이며, 제1의 무역항이다.

5) **경주**: 불교 문화유산과 신라 유적이 많이 있다.

6) **안동**: 안동 하회 마을 등 유교 문화유산이 많이 있다.

7) **울릉도**: 동해에 위치해 있는 화산섬이다.

8) **독도**: 한국의 가장 오른쪽(동쪽)에 있는 섬이며, 경상북도에 있다.

9) **지역 축제**: 안동 국제 탈춤 페스티벌, 영덕 대게 축제, 대구 치맥 페스티벌, 부산 국제 영화제, 진해 군항제, 진주 남강 유등 축제, 통영 한산 대첩 축제 등

5. 강원 지역: 한반도 중앙의 동쪽에 있고, 태백산맥을 기준으로 동쪽은 영동 지방, 서쪽은 영서 지방이라고 부른다.

1) 특징
   ① 강원도의 80%가 산으로 이루어져 있어 인구는 많지 않다.
   ② 밭농사와 고랭지 농업이 발달했고, 대관령 목장을 중심으로 목축업이 발달했다.
   ③ 자연 경관이 뛰어나서 관광지가 많다.
      예) 설악산, 오대산, 경포대, 낙산 해수욕장 등
   ④ 2023년 6월부터 강원도가 강원특별자치도로 명칭이 변경되었다.

2) 평창: 2018년 동계올림픽이 평창에서 개최되었다.

3) 지역 축제: 평창 대관령 눈꽃 축제, 화천 산천어 축제, 횡성 한우 축제, 강릉 단오제 등

6. 제주 지역: 한국에서 가장 큰 섬으로 한반도의 남쪽에 있다.

1) 특징
   ① 대부분의 외국인이 비자 없이 방문할 수 있다.
   ② 오름(작은 화산), 용암동굴, 주상절리 등의 화산 지형과 희귀한 동식물이 많다.
   ③ 유네스코 세계자연유산으로 지정되었다.
   ④ 제주도 가운데에 있는 한라산은 한국에서 가장 높은 산이다.

2) 지역 축제: 탐라문화제, 성산 일출 축제 등

핵심 Quiz — 이건 꼭 알아야 해!

다음 빈칸에 알맞은 답을 적으시오.

1. 서울은 한국의 ▢▢로 정치·경제·문화·역사의 중심지이다.
2. ▢▢▢는 전국에서 인구가 가장 많은 곳이다.
3. 충청 지역은 충청북도, 충청남도, 대전광역시 그리고 ▢▢▢▢▢▢▢로 구성되어 있다.
4. 전라 지역은 ▢▢▢▢이라고도 부르는데 ▢▢ 문화가 크게 발달했고 판소리, 민요 등과 같은 ▢▢ 문화도 잘 보존되어 있다.
5. 경상 지역은 경주를 중심으로 한 ▢▢ 문화유산과 안동을 중심으로 한 ▢▢ 문화유산이 잘 보존되어 있다.
6. 강원 지역은 아름다운 자연 경관 덕분에 ▢▢▢가 많다.
7. 제주 지역은 대부분의 외국인이 ▢▢ 없이 방문할 수 있다.

정답 1 수도 2 경기도 3 세종특별자치시 4 호남 지역, 음식, 전통 5 불교, 유교 6 관광지 7 비자

시대에듀 사회통합프로그램 사전평가 단기완성

제2편

실전 모의고사

제1회 실전 모의고사
제2회 실전 모의고사
제3회 실전 모의고사

합격의 공식 온라인 강의

임준 선생님의 친절한 강의를 듣고 싶다면?
YouTube 접속 ➔ 사회통합프로그램 study 채널 검색 ➔ 구독
➔ [사전평가 단기완성] 재생 목록 click!

제1회 실전 모의고사

시험 시간: 60분(객관식 + 단답형 주관식) | 정답 및 해설 p.155

01-02 다음 ( )에 들어갈 가장 알맞은 것을 고르시오.

01

가: 여자는 뭐하고 있어요?
나: (   ).

① 운동해요
② 공부해요
③ 식사해요
④ 청소해요

02

날씨가 추운데 바람(   ) 불어서 밖에 오래 있을 수가 없습니다.

① 만
② 이나
③ 처럼
④ 까지

03-04 다음 〈보기〉를 참고하여 밑줄 친 부분과 의미가 <u>반대인</u> 것을 고르시오.

보기

가: 냉장고에 우유가 <u>있어요</u>?
나: 아니요, (　　　　).

❶ 없어요　　② 많아요　　③ 높아요　　④ 좋아요

03

가: 방이 <u>좁아요</u>?
나: 아니요, (　　　　).

① 넓어요
② 짧아요
③ 적어요
④ 얇아요

04

가: 사거리에 새로 생긴 카페에 가 보셨어요? 저는 (　　　　) 곳을 좋아해서 그런지 정말 마음에 들었어요.
나: 아직 못 가 봤어요. 제가 자주 가는 카페에는 사람도 많고 <u>복잡해서</u> 좀 힘들었는데 새로 생긴 카페에 꼭 가 봐야겠네요.

① 어두운
② 편리한
③ 깨끗한
④ 한적한

05-06 다음 ( )에 들어갈 가장 알맞은 것을 고르시오.

05 새로운 동네로 이사하여 행정복지센터에 전입 ( )를 했어요.

① 결제
② 문의
③ 신고
④ 접수

06 여기에서 담배를 피우면 ( ) 안 돼요.

① 꼭
② 절대
③ 마냥
④ 아주

07-08 밑줄 친 부분과 의미가 반대인 것을 고르시오.

07
가: 옷이 예쁘긴 한데 너무 <u>비싸요</u>. 조금만 깎아 주세요.
나: 손님, 이 가격이면 정말 (   ) 옷이에요. 구매하시면 제가 10% 더 할인해 드릴게요.

① 밝은
② 가벼운
③ 저렴한
④ 깨끗한

08
가: 도서관에 책을 <u>대출하러</u> 가요?
나: 아니요, 어제 빌린 책을 (   ).

① 반납할 거예요
② 복사할 거예요
③ 대여할 거예요
④ 교환할 거예요

09-10 다음 ( )에 들어갈 가장 알맞은 것을 고르시오.

09 우리 이모는 고양이 두 ( )를 키운다.

① 명
② 개
③ 마리
④ 조각

10 내일까지 한국사 시험 응시 원서를 ( ) 해서 준비할 것들이 많다.

① 제출해야
② 신고해야
③ 마련해야
④ 모집해야

11-12 다음 질문에 답하시오.

11 다음 (   )에 들어갈 가장 알맞은 것은?

> 가: 손님, 떡볶이는 가게에서 드실 건가요?
> 나: 아니요, 가지고 갈 거예요. (   ).

① 포장해요
② 포장할게요
③ 포장해 주세요
④ 포장하기로 했어요

12 다음 글의 ㉠과 ㉡에 들어갈 말로 알맞은 것은?

> 집을 구할 때는 (㉠   )에 가서 공인 중개사를 통해 알아보는 것이 안전하다. 그리고 (㉡   )를 쓸 때는 등기부 등본을 반드시 확인해야 한다.

	㉠	㉡
①	부동산	계약서
②	서점	지원서
③	부동산	지원서
④	서점	계약서

13-14 다음 〈보기〉를 참고하여 밑줄 친 부분과 의미가 비슷한 것을 고르시오.

보기

가: 요즘은 세상이 정말 빨리 <u>변하고</u> 있네요.
나: 맞아요. 모든 것이 너무 빨리 (　　　) 적응하기가 힘들 정도예요.

① 달려서　　② 지나서　　❸ 바뀌어서　　④ 움직여서

13

가: 방이 너무 지저분하니까 좀 <u>치워라</u>.
나: 네, 지금 (　　　).

① 치료할게요
② 정리할게요
③ 수리할게요
④ 처리할게요

14

가: 대리님, 제가 <u>전송한</u> 메일 받으셨어요?
나: 아직 못 봤어요. 언제 (　　　)?

① 썼어요
② 보냈어요
③ 지웠어요
④ 가져갔어요

15-20 다음 대화의 ( )에 들어갈 가장 알맞은 것을 고르시오.

15

가: 이번 주말에는 뭐 하려고 해요?
나: 한강에 가서 자전거를 (   ).

① 탔어요
② 타겠군요
③ 탈까 해요
④ 타도 돼요

16

가: 아버지, 형은 지금 뭐 해요?
나: 거실에서 맥주를 (   ) 야구 경기를 보고 있어.

① 마실수록
② 마시면서
③ 마시니까
④ 마시느라고

17

가: 새로 생긴 영화관은 어때요?
나: 직원들이 (   ) 시설도 깨끗해요.

① 친절하니까
② 친절하더라도
③ 친절한 데다가
④ 친절하기는커녕

18

가: 밥을 아직 안 먹었지요? 배고프겠어요.
나: 아니에요. 여기로 (   ) 편의점에서 삼각 김밥을 사 먹었어요.

① 오면
② 오고
③ 오도록
④ 오는 길에

19

가: 이번에 들어온 신입사원은 어때요? 일을 잘해요?
나: (   ). 게으른 데다가 실수도 많이 해서 큰일이에요.

① 잘한대요
② 잘하기는요
③ 잘하나 봐요
④ 잘하고 말고요

20

가: 우리 점심은 몇 시에 먹을까요?
나: 저는 언제 (   ) 상관없어요. 우현 씨가 먹고 싶을 때 얘기해 주세요.

① 먹든지
② 먹다니
③ 먹거든
④ 먹으려면

21-22 다음 질문에 답하시오.

21 다음 중 글의 흐름과 어울리지 <u>않는</u> 문장을 고른 것은?

> 추석은 (가)<u>음력 8월 15일로 한가위라고도 한다</u>. 이 날에는 그 해에 처음으로 얻은 햇곡식과 햇과일을 준비해서 조상에게 감사하는 마음을 표현하며 (나)<u>조상에게 차례를 지낸다</u>. (다)<u>차례를 지내고 나서는 함께 떡국을 먹는다</u>. 또한 (라)<u>추석날 밤이 되면 보름달을 바라보면서 소원을 빈다</u>.

① (가)
② (나)
③ (다)
④ (라)

22 다음 중 ㉠이 의미하는 것으로 알맞은 것은?

> 최근 한 설문조사 결과, 많은 부모가 육아용품을 중고로 구입하는 이유는 '비용을 줄일 수 있어서'라고 대답했으며, 그 비율은 52.1%로 가장 높았다. 그리고 '새 제품의 구입비용이 부담돼서'라는 대답은 33.4%, '물건의 사용 기간이 짧아서'라는 대답은 14.5%였다. 한편, ㉠<u>중고 육아용품을 구입한 경험이 없다고 대답한 사람들 중에서 70%는 앞으로 중고 육아용품을 사거나 주변 사람들에게 물려받을 생각이 있다고 답했다</u>.

① 예전보다 중고 육아용품 시장이 커졌다.
② 중고 육아용품이 괜찮다고 생각하는 사람은 많지 않다.
③ 대부분의 사람이 중고 육아용품을 구입해 본 경험이 없다.
④ 중고 육아용품을 쓰는 것에 대해 긍정적으로 생각하고 있다.

23-24 다음 밑줄 친 부분이 **틀린** 것을 고르시오.

23
① 인천 국제공항에 도착하는 대로 연락드리겠습니다.
② 친구가 도와준 김에 비자 연장을 쉽게 할 수 있었다.
③ 12년 동안 일해 온 회사를 떠나려고 하니까 눈물이 난다.
④ 여행도 할 겸 친구도 만날 겸 제주도에 가기로 했다.

24
① 혜지가 대표 선수로 뽑혔다.
② 그는 사람들에게 예술가라고 불렸다.
③ 바람이 세게 불어서 방문이 저절로 닫혔다.
④ 부장님이 그녀에게 중요한 프로젝트를 맡았다.

25-26 다음 대화의 ( )에 들어갈 가장 알맞은 것을 고르시오.

25
가: 요즘 주식 공부를 한다면서요?
나: 네, 그런데 책을 열심히 ( ) 이해하기 쉽지 않네요.

① 봐서
② 보면서
③ 보는데도
④ 봐야 해서

26
가: 이번에 결혼하는 두 사람은 같은 회사에서 일을 하면서 만났대요.
나: 그래요? 오랜 시간을 함께 하면 정이 ( ).

① 들었으면 해요
② 들 걸 그랬어요
③ 들기 마련이지요
④ 들었을 리가 없지요

27~28 다음 밑줄 친 부분이 **틀린** 것을 고르시오.

27
① 와이파이 상태가 안 좋아서 영상 통화가 <u>끊었다</u>.
② 어제 오후 3시쯤에 경찰이 드디어 그 도둑을 <u>잡았다</u>.
③ 다큐멘터리에서 사슴이 사자에게 <u>먹히는</u> 장면을 봤다.
④ 내가 사는 아파트는 25층이어서 N서울타워가 잘 <u>보인다</u>.

28
① 주말에 영화를 보려고 표를 미리 <u>예매하고 말았다</u>.
② 너무 서두르다가 하마터면 계단에서 <u>넘어질 뻔했다</u>.
③ 접시에 담기만 하면 되니까 식사 준비를 <u>다 한 셈이다</u>.
④ 일교차가 클 때 옷을 얇게 입으면 감기에 <u>걸리기 십상이다</u>.

29-32 다음을 읽고 ( )에 들어갈 가장 알맞은 것을 고르시오.

29

저는 한국의 대학교로 유학을 온 우즈베키스탄 사람입니다. 제가 한국에 온 지도 벌써 4년이 되었습니다. 처음에는 한국 문화가 익숙하지 않았지만 지금은 많이 적응이 되었습니다. 한국의 예절은 우즈베키스탄의 예절과 많이 ( ). 우리 고향에서는 왼손을 가슴에 대고 오른손으로 악수를 합니다. 그런데 한국은 악수 대신에 고개를 숙여 인사합니다.

① 있습니다
② 다릅니다
③ 익숙합니다
④ 어렵습니다

30

저는 지난달 기타 동호회에 가입했습니다. 동호회에 가면 기타 연습도 하고 노래도 부를 수 있어서 동호회에서 보내는 시간이 정말 행복합니다. 그런데 다음 주는 너무 ( ) 동호회에 갈 수 없습니다. 왜냐하면 시험과 과제 발표가 있기 때문입니다. 다음 주에 기타 동호회에 갈 수 없어서 너무 아쉽습니다.

① 바빠서
② 아파서
③ 아쉬워서
④ 어려워서

31

지금 내가 살고 있는 집은 근처에 편의 시설이 많지만 학교와 멀리 떨어져 있다. 그래서 나는 학교와 더 가까운 집으로 이사를 가기로 했다. 이삿날 아침, 짐이 많지 않아서 혼자 이삿짐을 나르고 있는데 이웃집 아저씨와 아주머니께서 나를 보시더니 이삿짐을 함께 옮겨 주셨다. 아저씨와 아주머니께서 도와주신 덕분에 생각보다 빨리 이사를 마칠 수 있었다. 한국 사람들은 자기 일이 아니어도 이웃을 잘 도와준다. 이런 점을 보면 한국 사람들은 (   ).

① 긍정적인 것 같다
② 부지런한 것 같다
③ 정이 많은 것 같다
④ 성격이 급한 것 같다

32

살면서 겪는 여러 가지 경험은 우리의 삶에 큰 도움을 준다. 그래서 기회가 있을 때마다 많은 경험을 해 보는 것이 좋다. 그런데 경험할 기회가 적거나, 경험할 기회가 있어도 시간이나 돈이 부족하여 기회를 잡기 어려울 때는 책을 읽으면 된다. 독서는 다른 사람의 경험을 간접적으로 체험할 수 있게 한다. 그렇게 책을 통해 얻은 간접적인 경험은 (   ) 우리의 삶에 좋은 영향을 준다.

① 책을 읽은 것처럼
② 돈이 많이 들더라도
③ 직접 경험한 것만큼
④ 독서를 많이 하지 않아도

33-34 다음 질문에 답하시오.

1991년 동물보호법이 제정된 이후로 매년 반려동물을 키우는 가정이 증가하면서 공공장소에서 반려동물과 함께할 때 지켜야 하는 ㉠규칙이 더욱 중요해졌다. 반려인이 지켜야 하는 사항에는 동물등록, 목줄 착용, 배설물 수거, 인식표 착용 등이 있다. 그 중에서도 가장 먼저 지켜야 할 준수사항은 '동물등록'이다. 동물등록은 가까운 동물병원 등 등록대행기관에서 할 수 있다. 또한, 이미 등록했더라도 동물의 소유자나 소유자의 주소 및 전화번호, 동물의 상태(유실, 되찾음, 사망)가 변경된 경우에는 변경 신고를 해야 한다. 만일 이러한 규정을 지키지 않을 경우 과태료가 부과된다.

33 ㉠에 해당하지 않는 것은?

① 외출 시 반려동물의 배변봉투를 챙겨야 한다.
② 밖으로 나갈 때 반려동물 인식표를 달아야 한다.
③ 반려동물은 공공장소에서 반드시 목줄을 착용해야 한다.
④ 반려동물의 소유자가 바뀐 경우에만 동물등록을 해야 한다.

34 위 글의 내용과 다른 것은?

① 규정을 어길 시 과태료가 부과된다.
② 1991년에 동물보호법이 처음 제정되었다.
③ 동물등록은 가까운 동물병원에서만 할 수 있다.
④ 등록 후 정보가 바뀌었다면 변경 신고를 해야 한다.

[35~38] 다음 질문에 답하시오.

35 다음 글의 내용과 <u>다른</u> 것은?

> 한글은 자랑스러운 한국의 고유 문자이다. 왜냐하면 한글은 언제, 누가, 왜, 어떻게 만들었는지 알 수 있는 문자이기 때문이다. 분명한 목적을 가지고 계획적으로 만들었기 때문에 한글은 과학적이고 체계적이다. 언어학자들은 특히 한글을 만든 방법에 대해 감탄한다. 먼저 한글의 자음은 우리 몸에서 소리를 내는 기관, 즉 발음 기관의 모양을 흉내 내서 만들었다. 그리고 한글의 모음은 하늘과 땅, 사람에 대한 철학이 담겨 있다. 이러한 방법으로 만든 글자는 아마 전 세계에 하나뿐일 것이다.

① 한글의 모음에는 철학이 담겨 있다.
② 한글은 과학적이고 체계적인 문자이다.
③ 한글은 누가 언제 만들었는지 알려져 있다.
④ 한글은 신체 기관의 모양을 본떠서 만들었다.

36 다음 게시판의 내용과 <u>다른</u> 것은?

① 재활용품은 섞이지 않게 분리배출 해야 한다.
② 토요일에 분수대 앞에서 행사가 있을 예정이다.
③ 금요일 오후에 엘리베이터를 쓸 수 없을 것이다.
④ 채용 공고를 보고 메일로 이력서를 보낼 것이다.

37 다음 글의 중심 내용으로 알맞은 것은?

> 한국에는 '작심삼일'이라는 말이 있다. 이는 결심한 것을 사흘밖에 지키지 못한다는 뜻으로, 다소 부정적인 느낌이다. 그런데 이 작심삼일을 조금 다른 관점에서 살펴볼 수도 있다. 만약에 어떤 일을 결심하고 나서 사흘을 실천하고 그만두어도 다시 새로운 마음으로 결심하여 사흘을 실천하면 일을 계속 이어나갈 수 있는 것이다. 그리고 이 과정을 반복하면 결국 목표를 이룰 수 있다.

① 실패를 반복하면 자신감을 잃게 된다.
② 작심삼일을 긍정적으로 생각할 수도 있다.
③ 사흘에 한 번씩 계획을 세우는 것이 좋다.
④ 한번 결심한 것을 절대 포기해서는 안 된다.

38 다음 글의 제목으로 알맞은 것은?

> 바쁘게 하루하루를 살아가는 사람들에게 공연을 보러 멀리 나가는 것은 매우 어려운 일이다. 그래서 바쁜 현대인들의 문화생활을 보장하기 위한 프로그램이 생겼다. 바로 '찾아가는 공연'이다. 찾아가는 공연이란 많은 사람이 거주하는 지역의 문화 센터나 행정복지센터로 공연 팀이 직접 찾아가서 공연을 하는 것이다. 이 프로그램 덕분에 많은 사람이 쉽고 편하게 좋은 공연을 관람할 수 있게 되었다. 찾아가는 공연은 구청 홈페이지나 스마트폰 앱(App)으로 신청할 수 있다.

① 인터넷으로 즐기는 공연
② 멋진 공연이 우리 동네로
③ 행정복지센터가 내 손 안에
④ 문화생활, 이제는 무료로 즐기자

39-46 다음 질문에 답하시오.

39 다음 중 휴일지킴이약국에 대한 설명으로 옳지 <u>않은</u> 것은?
① 휴일에도 약국에서 약을 구입할 수 있다.
② 홈페이지에서 약국 정보를 조회할 수 있다.
③ 홈페이지에서 약을 예약한 후 구입할 수 있다.
④ 모바일 앱(App)에서도 편리하게 검색할 수 있다.

40 한국에서 병문안을 갈 때 하면 <u>안 되는</u> 행동은?
① 병문안은 최대한 짧게 다녀온다.
② 병실을 장식할 흰색 꽃바구니를 선물한다.
③ 병원을 방문하기 전에 미리 약속을 잡는다.
④ 환자에게 빠른 회복을 빈다는 인사를 한다.

41 한국에서 60번째 생일을 기념하는 날은?
① 백일상
② 회갑연
③ 돌잔치
④ 고희연

42 (가)와 (나)에서 설명하는 계절의 현상에 알맞은 날씨는?

> (가) 휴가철에 피서를 가는 사람이 많다.
> (나) 꽃가루와 미세 먼지가 많다.

	(가)	(나)
①	따뜻한 날씨	덥고 습한 날씨
②	춥고 건조한 날씨	시원하고 화창한 날씨
③	덥고 습한 날씨	따뜻한 날씨
④	시원하고 화창한 날씨	춥고 건조한 날씨

43 조선 시대 임진왜란 때 나라를 구한 인물은?

① 유관순
② 안중근
③ 강감찬
④ 이순신

44 바다와 접하지 않는 지역은?

① 강원도
② 제주도
③ 충청북도
④ 전라남도

45 다음 중 1인 가구 증가와 관련이 없는 것은?

① 소형 아파트 등이 점점 인기를 얻고 있다.

② 마트에서 소포장된 상품을 흔히 볼 수 있다.

③ 대가족이 함께 사는 전통이 되살아나고 있다.

④ 최근 혼자 식사할 수 있는 식당이 증가하고 있다.

46 다음 중 국경일에 대한 설명으로 옳은 것은?

① 제헌절: 고조선 건국을 기념하는 날

② 삼일절: 대한민국 헌법 공포를 기념하는 날

③ 개천절: 한국의 독립 의사를 전 세계에 알린 날

④ 광복절: 일본으로부터 해방된 것을 기념하는 날

47-48 다음 질문에 답하시오.

47 머리가 아플 때 할 수 있는 행동을 〈보기〉에서 모두 고른 것은?

> **보기**
> ㄱ. 진통제를 먹습니다.
> ㄴ. 연고를 바르고, 병원에 갑니다.
> ㄷ. 약국에서 소화제를 사서 먹습니다.
> ㄹ. 편의점에서 두통약을 사서 먹습니다.

① ㄱ, ㄴ
② ㄱ, ㄹ
③ ㄴ, ㄷ
④ ㄷ, ㄹ

48 다음 글의 내용과 <u>다른</u> 것은?

> 수원에 있는 화성은 조선 시대 정조 때 지어졌다. 정조는 수도를 서울에서 수원으로 옮기려는 계획을 세웠고, 이를 준비하기 위해서 화성을 만들기 시작했다. 처음에는 10년이 넘게 걸릴 것이라고 예상했던 공사는 정약용이 발명한 거중기를 사용하여 기간을 2년 반으로 줄일 수 있었다. 수원 화성은 다른 성곽과 달리 상업적 기능과 군사적 기능을 동시에 갖추었으며, 과학적이고 합리적이며 실용적인 구조로 되어 있다. 그리고 그러한 가치를 인정받아 1997년에는 유네스코 세계문화유산으로 등재되었다.

① 수원 화성은 정조가 수도 이전을 준비하며 만든 성곽이다.
② 정약용의 발명품 덕분에 공사 기간을 크게 줄일 수 있었다.
③ 수원 화성은 오직 군사적 기능을 수행하기 위한 목적으로 지어졌다.
④ 수원 화성은 조선 시대에 지어졌으며 유네스코 세계문화유산으로 지정되었다.

49-50 다음을 읽고 ( )에 알맞은 것을 쓰시오.

49

가: 유진 씨, 만약 과거로 돌아간다면 가장 하고 싶은 일은 무엇인가요?
나: 저는 작년에 (   ) 할머니를 만나고 싶어요. 살아 계실 때 자주 뵙지 못해서 할머니와 만나 행복한 시간을 보내고 싶어요.

50

일교차가 심한 봄이나 춥고 건조한 겨울에는 몸의 면역력이 떨어지며 감기에 걸리기 쉽다. 감기를 예방하기 위해서는 평소 개인위생 관리와 면역력을 높이는 생활 습관이 중요하다. 가벼운 산책이나 스트레칭 등 규칙적인 운동도 면역력 관리에 효과적이다. 날씨가 추워지면 호흡기도 민감해지기 때문에 따뜻한 물을 마시면서 감기에 (   ) 조심해야 한다.

구술시험 (각 5점) 　시험 시간: 10분

01-02

　지난주에 결혼한 친구의 집들이에 초대를 받아 친구 집에 다녀왔다. 나의 친구는 한국 사람인데 대학 수업을 함께 들으면서 친해졌다. 이 친구가 한국어를 가르쳐 준 덕분에 나의 한국어 실력이 많이 늘었다. 친구는 내가 좋아하는 잡채와 불고기, 그리고 다른 한국 음식들을 직접 만들어 주었다. 식사가 끝난 후에는 함께 집을 구경했다. 그리고 따뜻한 차를 자주 마시는 친구를 위하여 찻잔을 집들이 선물로 준비했다. 친구는 선물을 받고 아주 기뻐했다. 친구의 행복한 표정을 보니 나도 기뻤다.

01 위의 글을 소리 내어 읽어 보세요.

02 친구에게 어떤 선물을 주었습니까? 왜 그 선물을 준비했는지 말해 보세요.

03 _____ 씨가 친구 집에 방문한다면 어떤 선물을 준비할지 말해 보세요.

04 사교육비가 증가하는 원인과 이를 해결하기 위한 방법에는 어떤 것이 있는지 말해 보세요.

05 _____ 씨는 참여해 보고 싶은 한국의 명절 행사가 있습니까? 어떤 명절 행사에 참여하고 싶은지 말해 보세요.

실전 모의고사

시험 시간: 60분(객관식 + 단답형 주관식) | 정답 및 해설 p.173

01-02 다음 (   )에 들어갈 가장 알맞은 것을 고르시오.

01

가: 사람들이 뭐 해요?
나: (   ).

① 춤을 춰요
② 공부를 해요
③ 밥을 먹어요
④ 테니스를 쳐요

02

서현역(   ) 인천공항터미널까지 시간이 얼마나 걸리나요?

① 하고
② 에서
③ 조차
④ 에게

03-04 다음 〈보기〉를 참고하여 밑줄 친 부분과 의미가 반대인 것을 고르시오.

보기

가: 냉장고에 우유가 <u>있어요</u>?
나: 아니요, (　　　　).

❶ 없어요　　② 많아요　　③ 높아요　　④ 좋아요

03

가: 집이 학교에서 <u>멀어요</u>?
나: 아니요, (　　　　).

① 적어요
② 짧아요
③ 좁아요
④ 가까워요

04

가: 여기는 너무 (　　　　). 공부를 할 수 없어요.
나: 그럼 이쪽으로 오세요. 여기는 사람이 별로 없어서 <u>조용해요</u>.

① 무서워요
② 복잡해요
③ 더러워요
④ 시끄러워요

05-06 다음 ( )에 들어갈 가장 알맞은 것을 고르시오.

05
마감일이 3일 정도 남은 가운데, 개발자들의 출품 지원에 대한 (   )가 끊이지 않고 있다.

① 취소
② 문의
③ 신고
④ 문제

06
황사와 미세 먼지가 많은 봄에는 마스크를 (   ) 착용하세요.

① 꼭
② 겨우
③ 방금
④ 마치

07-08 다음 밑줄 친 부분과 의미가 반대인 것을 고르시오.

07
가: 음식이 좀 <u>부족하지</u> 않을까요?
나: 괜찮아요. 많이 준비했으니까 (   ).

① 모자랄 거예요
② 만족할 거예요
③ 저렴할 거예요
④ 충분할 거예요

08
가: 이삿짐은 다 <u>쌌어요</u>?
나: 네, 이따가 새집에서 짐을 (   ) 것을 좀 도와주세요.

① 싣는
② 푸는
③ 옮기는
④ 포장하는

09-12 다음 ( )에 들어갈 가장 알맞은 것을 고르시오.

09 신용카드를 잃어버려서 우선 카드 회사에 ( ) 신고를 했어요.

① 분실
② 사망
③ 개명
④ 전입

10 새로운 취미생활을 찾기 위해서 댄스 동호회에 ( )했어요.

① 입학
② 가입
③ 계약
④ 조사

11 지금부터 자기소개서를 (　　　　) 주의해야 할 점을 알려드리겠습니다.

① 등록할 때
② 복사할 때
③ 암기할 때
④ 작성할 때

12 요즘은 문화 센터에서 한국 음식을 만드는 (　　　　)을 배우고 있다.

① 적성
② 규칙
③ 능력
④ 방법

13-14 다음 〈보기〉를 참고하여 밑줄 친 부분과 의미가 비슷한 것을 고르시오.

보기

가: 요즘은 세상이 정말 빨리 <u>변하고</u> 있네요.
나: 맞아요. 모든 것이 너무 빨리 (　　　　) 적응하기가 힘들 정도예요.

① 달려서　　② 지나서　　❸ 바뀌어서　　④ 움직여서

13

가: 직장 생활에서 가장 중요한 것은 동료들과의 <u>관계</u>인 것 같아요.
나: 맞아요. 함께 일하는 사람들과 (　　　　)가 좋으면 행복하게 일할 수 있지요.

① 급여
② 태도
③ 사이
④ 자리

14

가: 집에서 동물을 <u>기르고</u> 싶은데 괜찮을까요?
나: 안 돼요, 아파트에서는 동물을 (　　　　) 수 없어요.

① 맡길
② 키울
③ 가꿀
④ 놓을

15-20 다음 대화의 ( )에 들어갈 가장 알맞은 것을 고르시오.

15

가: 어제 뭐 했어요?
나: 회사 사람들과 연극을 ( ).

① 관람해요
② 관람했어요
③ 관람할 거예요
④ 관람하고 있어요

16

가: 선생님, 작년에 독감 예방 접종을 받았는데 올해도 받아야 합니까?
나: 지난해에 예방 접종을 받았다고 ( ) 올해 예방 접종을 다시 받아야 해요.

① 해서
② 하는데
③ 하더라도
④ 하자마자

17

가: 외국인등록증을 (　　　　) 어떻게 해야 해요?

나: 여권, 신청서, 증명사진 등 필요한 서류를 준비해서 출입국관리사무소에 가면 돼요.

① 발급받도록
② 발급받더라도
③ 발급받으려면
④ 발급받으니까

18

가: 무엇을 그렇게 열심히 보세요?

나: 작년에 읽었던 책을 다시 읽고 있어요. 이 책은 읽으면 (　　　　) 새로운 감동을 주는 것 같아요.

① 읽다가
② 읽었는데
③ 읽을수록
④ 읽으면서

19

가: 지금 어디에 가요?
나: 영어 수업을 들으러 가요. 화요일에는 영어 회화 수업이 (   ).

① 있군요
② 있던데요
③ 있을걸요
④ 있잖아요

20

가: 방이 너무 지저분한데, 같이 청소할까요?
나: 좋아요. 그럼 제가 책상을 (   ) 레이나 씨는 방을 닦으세요.

① 정리하더라도
② 정리하자마자
③ 정리할 테니까
④ 정리할 뿐 아니라

21-22 다음 질문에 답하시오.

21 다음 중 글의 흐름과 어울리지 <u>않는</u> 문장을 고른 것은?

> 스마트폰은 (가)<u>작은 기기 하나로 사진 촬영부터 녹음, 동영상 촬영, 음악 감상까지 모든 것이 가능하다.</u> 또 (나)<u>스마트폰으로 우리는 전 세계 사람들과 이메일을 주고받거나 영상 통화를 할 수 있다.</u> (다)<u>우울증에 걸린 사람들은 스마트폰을 사용하지 않는 것이 좋다.</u> 무엇보다도 우리는 스마트폰으로 (라)<u>필요한 정보와 최신 데이터를 쉽게 발견하고 이를 활용한다.</u>

① (가)
② (나)
③ (다)
④ (라)

22 다음 중 ㉠이 의미하는 것으로 알맞은 것은?

> 여행을 할 때 꼼꼼하게 계획을 세우는 사람들이 있다. 언제, 어디서, 무엇을 구경하고, 무엇을 먹고, 어떤 교통수단을 이용할지 다 정해 놓는다. 그러나 어떤 사람들은 계획 없이 여행을 한다. 이들은 ㉠<u>여행을 할 때 더 큰 자유를 느끼기 위해서는 계획이 없는 것이 좋다고 말한다.</u> 하지만 계획 없이 떠나게 되면 여행하는 곳에 대한 정보가 없어서 불편함을 겪을 수 있다. 게다가 예상하지 못한 일 때문에 사고를 당할 수도 있기 때문에 주의해야 한다.

① 여행을 가기 전에 미리 계획을 세우면 불편함을 겪을 수 있다.
② 계획 없이 여행을 떠나면 사고를 당할 수 있기 때문에 위험하다.
③ 무엇을 구경하고, 어떤 교통수단을 이용할지 계획을 세우는 여행이 자유를 준다.
④ 여행 계획을 세우지 않는다면 여행지에서 원하는 것을 자유롭게 결정할 수 있다.

23-24 다음 밑줄 친 부분이 틀린 것을 고르시오.

23
① 그는 대학교를 졸업하자마자 취직을 했다.
② 비가 오는데도 놀이공원에 사람이 많았다.
③ 10년 동안 운영해 봤자 회사를 닫게 되었다.
④ 부담스러운 시험을 끝내고 나니 마음이 후련했다.

24
① 친구가 저에게 이사할 때 도와 달래요.
② 백화점 직원이 그 제품은 전부 팔렸대요.
③ 룸메이트가 여행 가방을 빌려줄 수 있내요.
④ 우리 반 친구들이 방학 때 함께 바다에 가래요.

[25~26] 다음 대화의 ( )에 들어갈 가장 알맞은 것을 고르시오.

25

가: 베트남에 ( ) 연락주세요.
나: 네, 그렇게 할게요.

① 도착할수록
② 도착하더라도
③ 도착하는 대로
④ 도착하기는커녕

26

가: 우와! 이 음식은 이름이 뭐예요? 정말 맛있어요!
나: 잡채예요. 맛있죠? 제가 요리를 좀 ( ).

① 잘할걸요
② 잘하거든요
③ 잘했잖아요
④ 잘할 줄 알았어요

27-28 다음 밑줄 친 부분이 **틀린** 것을 고르시오.

27
① 할아버지께서는 요즘 많이 <u>편찮으시다</u>.
② 선생님께서 학생에게 이름을 <u>여쭈어 보았다</u>.
③ 부장님께서 신입사원을 친절하게 <u>가르쳐 주셨다</u>.
④ 사장님께서는 매일 같은 식당에서 점심을 <u>잡수신다</u>.

28
① 너무 서두르는 바람에 <u>넘어지는 척했다</u>.
② 떡볶이는 좀 매운 편이지만 <u>먹을 만하다</u>.
③ 내일은 바쁠 것 같아서 오늘 숙제를 다 <u>해 두었다</u>.
④ 머리를 감는 것이 너무 힘들어서 머리를 짧게 <u>잘라 버렸다</u>.

29—32 다음을 읽고 ( )에 들어갈 가장 알맞은 것을 고르시오.

29
( )은/는 개인 활동을 하면서 부엌이나 욕실 등의 공간은 같이 이용하는, '따로 또 같이'의 주거 형태이다. 최근 1인 가구가 급속히 증가하면서 이곳의 인기도 높아지고 있다. 특히 사회 초년생들에게 인기가 있는데 그 이유는 한 사람이 부담해야 하는 월세가 주변보다 저렴하면서 계약 기간도 자유로운 편이기 때문이다.

① 원룸
② 아파트
③ 오피스텔
④ 공유 주택

30
사람들은 보통 '법'이라고 하면 어렵고 자신과 먼 이야기라고 느낀다. 그래서 정부는 국민들이 일상생활에 ( ) 법을 쉽게 찾아보고 이해할 수 있도록 '찾기 쉬운 생활 법령 정보' 홈페이지와 '스마트 생활 법률' 애플리케이션을 제공하고 있다. 여기에서는 가정, 금융, 교육, 교통, 근로 등의 주제에 따라 법이 쉽게 설명되어 있다. 그리고 12개의 언어로도 정보가 제공되기 때문에 외국인들도 편리하게 이용할 수 있다.

① 가능한
② 필요한
③ 시원한
④ 신중한

31

최근 감염병 확산으로 해외여행을 가지 못하자 (　　　　). 캠핑은 혼자 또는 친구, 연인, 가족과 함께 자연을 만끽하며 즐거운 시간을 보낼 수 있어서 요즘 많은 사람에게 인기를 얻고 있다. 또한 TV에서도 캠핑을 주제로 한 프로그램들이 방영되면서 텐트와 캠핑 용품의 판매량도 함께 증가하고 있다.

① 캠핑 용품에 대한 관심이 증가하고 있다
② 국내 여행보다 해외여행이 더 인기를 얻고 있다
③ TV에서 캠핑 프로그램을 보기가 점점 어려워지고 있다
④ 주말이 되면 가까운 곳으로 캠핑을 떠나는 사람이 많아졌다

32

선거는 민주주의 국가에서 국민이 정치에 참여할 수 있는 대표적인 방법으로 국민들이 자신의 의사를 대신할 사람을 직접 뽑는 것을 말한다. 선거는 지정된 선거일에 실시하지만 선거일에 (　　　　) 사람들을 위해 사전투표제도 실시하고 있다. 사전투표는 선거일 5일 전 이틀 동안 실시하며 오전 6시부터 오후 6시까지 전국 어느 사전투표소에서나 투표를 할 수 있다. 사전투표 장소에 가서 신분증을 제시하고 투표를 하면 된다.

① 신분증을 잃어버린
② 투표하기가 어려운
③ 정치에 관심이 없는
④ 투표소가 어디인지 모르는

33-34 다음 질문에 답하시오.

지난주 목요일은 한국의 큰 명절인 설날이었습니다. 저는 한국 친구의 집에서 설날을 보내며 친구의 가족들과 함께 떡국을 먹었습니다. 떡국은 장수를 상징하는 가래떡을 썰어서 넣어 끓인 국입니다. 한국에서는 설날에 떡국을 먹으면 한 살 더 먹는 것을 의미한다고 합니다. ㉠그것에 그렇게 중요한 의미가 있는지 처음 알게 되었습니다.

33 ㉠이 가리키는 것은?

① 설날
② 떡국
③ 명절
④ 가족

34 위 글의 내용과 같은 것은?

① 설날을 가족들과 함께 보냈습니다.
② 한국 사람들은 설날에 떡국을 먹습니다.
③ 설날에 친구를 초대해서 떡국을 먹었습니다.
④ 다음 주에 명절을 쇠러 친구 집에 갈 것입니다.

[35~38] 다음 질문에 답하시오.

35 다음 글의 내용과 <u>다른</u> 것은?

> 다양한 방법으로 환경 보호에 힘쓰는 기업이 많아지고 있다. 한 등산복 회사에서는 등산을 하면서 자연 속에 버려진 쓰레기를 줍는 '등산 플로깅(plogging)' 활동을 실시했다. 플로깅은 천천히 달리면서 주변의 쓰레기를 줍는 환경 보호 운동이다. 건강과 환경을 동시에 챙길 수 있어 젊은 사람들을 중심으로 인기를 얻고 있는 활동이다. 이는 우리가 살고 있는 자연을 깨끗하게 만들자는 마음으로 기획되었다.

① 플로깅을 하면 건강과 환경을 모두 지킬 수 있다.
② 플로깅은 달리면서 주변의 쓰레기를 치우는 활동이다.
③ 정부는 플로깅 활동을 기획하여 환경을 보호하고 있다.
④ 많은 회사가 여러 가지 방법으로 환경 보호 운동을 하고 있다.

36 다음 포스터의 내용과 <u>다른</u> 것은?

행복구 가족센터 가정의 달 기념행사

- 신청 기간: 20××. 04. 21. (월)~선착순 마감
- 신청 방법: 이메일 접수
- 대상: 행복구 가족 20팀

※ 참가 가족 모두에게 소정의 선물을 드립니다.

프로그램 일시: 20××. 05. 10. (토) 10:00~14:00

| 기념식(온·오프라인 동시 진행)

- 기념사
- '우리 가족을 소개합니다!' 사진 공모전 시상
- 우리 가족 자랑 대회 영상 상영

| 공감 토크 콘서트 "오늘도 육아"

- 김미미 소장(유아교육연구소 소장)
  영유아 자녀를 둔 부모들과
  서로의 육아 고민을 나누어 봅시다.

| SNS 소문내기 댓글 이벤트

- 행복구 가족센터 SNS 팔로우 후 기대 댓글 남기기

※ 추첨을 통해 커피 기프티콘(30명)을 드립니다.

① 행복구 가족이면 이메일을 통해 신청할 수 있다.
② 커피 기프티콘을 받으려면 토크 콘서트를 들어야 한다.
③ 기념행사에 참석하는 가족은 모두 선물을 받을 수 있다.
④ 기념식은 온라인과 오프라인에서 함께 진행할 예정이다.

37 다음 글의 중심 내용으로 알맞은 것은?

> 예전에는 잠을 덜 자는 사람이 성공한다고 생각했다. 다른 사람들이 잘 때 졸음을 참고 일을 하는 사람들이 성공할 가능성이 더 높다고 생각한 것이다. 그러나 최근 규칙적인 수면을 가지는 사람이 성공한다는 연구 결과가 나왔다. 충분한 휴식을 취하는 사람들은 가장 좋은 컨디션으로 업무를 볼 수 있기 때문에 더욱 효율적으로 집중력 있게 일할 수 있다고 한다.

① 성공을 위해서 잠을 덜 자고 노력해야 한다.
② 건강을 위해서 충분히 잠을 자는 것이 좋다.
③ 잠을 많이 잘수록 성공할 가능성이 높아진다.
④ 충분한 휴식을 통해 업무 효율성을 높일 수 있다.

38 다음 글의 제목으로 알맞은 것은?

> 지금 전 세계적으로 한류 열풍이 불고 있다. 한류란 한국 문화가 전 세계로 뻗어 나가는 현상을 말하는데, 지금의 한류는 K-pop으로 불리는 한국 대중음악이 주를 이루고 있다. K-pop의 인기는 식을 줄 모르고 계속되고 있는데, 사람들은 그 비결이 아이돌 스타의 뛰어난 외모에 있다고 생각한다. 그러나 사실 K-pop이 인기 있는 이유는 한국 가수들의 꾸준한 노력 때문이다. 그들은 오랜 시간 동안 연습생으로서 준비를 했고, 인기를 얻은 이후에도 쉬지 않고 연습하면서 공연을 준비한다.

① 전 세계로 퍼져 가는 한류 열풍
② 뛰어난 외모와 실력을 갖춘 아이돌
③ 오랫동안 계속되는 K-pop의 인기
④ 꾸준한 노력으로 얻은 K-pop의 인기

[39-46] 다음 질문에 답하시오.

39 과거 통일 신라의 수도였으며 많은 불교 문화유산이 있는 도시는?
① 세종
② 경주
③ 전주
④ 부산

40 다음 〈보기〉의 내용에 해당하는 기관은?

> 보기
>
> • 지방자치단체가 운영하는 공공 의료 기관
> • 일반 병원보다 진료비와 약값이 저렴함
> • 지역 주민을 대상으로 건강 증진과 질병 예방을 위한 보건 서비스를 제공함

① 보건소
② 한의원
③ 요양병원
④ 종합병원

41 한국의 예절 중 옳지 <u>않은</u> 것은?
① 공공시설 이용 시 한 줄로 서서 기다린다.
② 버스나 지하철에서 노약자에게 자리를 양보한다.
③ 대중교통 이용 시 큰 소리로 통화를 하지 않는다.
④ 처음 보는 사람에게 친근함의 의미로 반말을 한다.

42 다음 중 동지에 먹는 음식은?

① 팥죽
② 떡국
③ 송편
④ 미역국

43 선거의 4대 원칙이 <u>아닌</u> 것은?

① 직접 선거
② 공개 선거
③ 보통 선거
④ 평등 선거

44 다음 중 친목 도모와 관련이 있는 것은?

> ㄱ. 한글학회　　　ㄴ. 야구 동호회
> ㄷ. 투자 설명회　　ㄹ. 아파트 부녀회
> ㅁ. 고등학교 동창회

① ㄱ, ㄴ, ㄷ
② ㄱ, ㄷ, ㅁ
③ ㄴ, ㄹ, ㅁ
④ ㄴ, ㄷ, ㄹ

45 한국의 주변국에 대한 설명 중 옳지 <u>않은</u> 것은?

① 러시아는 과거의 소련으로, 한국전쟁 당시 한국을 적극 지원했다.
② 일본은 과거에 한국을 침략했지만 지금은 한국과 교류가 활발하다.
③ 중국은 활발한 교류를 통해 유교, 불교, 한자 등의 문화를 한국에 전파했다.
④ 미국은 군사적, 경제적으로 한국을 지원했고 현재도 많은 교류를 하고 있다.

46 사회보험에 대한 설명으로 맞는 것은?

① 일을 하다가 다쳤을 때 건강보험으로 보상받을 수 있다.
② 국민연금이 있으면 병원에서 치료비 일부를 지원받을 수 있다.
③ 산업재해보상보험이 있으면 은퇴 후 생활비를 지원받을 수 있다.
④ 일을 하다가 해고되었을 때 고용보험으로 일정 기간 지원받을 수 있다.

47-48 다음 질문에 답하시오.

47 〈보기〉에서 한국의 의례에 대한 옳은 설명을 모두 고른 것은?

보기

ㄱ. 장례는 일반적으로 5일 동안 진행합니다.
ㄴ. 아이가 태어난 지 100일이 되면 돌잔치를 합니다.
ㄷ. 남자와 여자가 정식으로 부부가 되는 의례는 결혼식입니다.
ㄹ. 조상이 돌아가신 날에는 기제사, 명절에는 차례를 지냅니다.

① ㄱ, ㄴ
② ㄱ, ㄹ
③ ㄴ, ㄷ
④ ㄷ, ㄹ

48 다음 글의 내용과 같은 것은?

평생교육은 태어나서 죽을 때까지, 즉 말 그대로 평생에 걸쳐서 행해지는 교육을 의미합니다. 한국의 평생교육은 크게 학위 과정과 자격증(또는 수료증) 과정으로 나누어집니다. 최근 한국 사회에서는 이러한 평생교육의 분야도 더욱 다양해지고 있습니다. 평생교육의 분야 중에서 실무 기술이나 실용 학문의 인기가 많은데 피부 미용, 컴퓨터, 외국어, 사회복지, 상담, 보육 등이 인기가 있습니다.

① 평생교육을 받으면 학교에 입학할 수 있다.
② 전국에서 평생교육을 받을 수 있는 기관은 많지 않다.
③ 평생교육은 유아부터 노인까지 평생에 걸쳐서 이루어지는 교육이다.
④ 가장 인기 있는 평생교육의 분야로는 외국어, 상담, 스포츠 등이 있다.

49-50 다음을 읽고 ( )에 알맞은 것을 쓰시오.

49
가: 안녕하세요. 일주일 전에 책을 주문했는데 아직 안 왔어요.
나: 안녕하세요, 고객님. 불편을 드려서 죄송합니다. 확인해 보겠습니다. 확인해 보니 늦어도 내일까지는 (   ).

50
　나는 한국의 '방 문화' 중 노래방 문화를 가장 좋아한다. 나는 노래하는 것을 좋아하는데 고향에서는 노래를 부르고 싶을 때 요리를 하거나 청소를 하면서 흥얼거리는 것이 전부였다. 그런데 한국의 노래방은 노래만 집중해서 부를 수 있다. 요즘에도 친구들과 만나면 (   ) 스트레스도 풀 겸 노래방에 자주 간다. 최근에는 노래방 앱(App)도 나와서 가족 또는 친구들과 함께 언제, 어디서나 노래를 부를 수 있는 점이 좋다.

구술시험 (각 5점) 　시험 시간: 10분

01-02
　예전에는 대부분의 직장인이 셔츠를 입고 넥타이를 매고 출근을 했다. 그러나 요즘은 정장과 셔츠, 넥타이가 아닌 편안한 복장으로 근무할 수 있게 되었다. 편안한 복장으로 근무를 하면 사고력과 창의력을 높일 뿐만 아니라 여름에는 시원하게, 겨울에는 따뜻하게 근무할 수 있어 업무의 효율을 높이고 에너지도 절약할 수 있다. 하지만 슬리퍼, 운동복, 찢어진 청바지, 과한 노출이 있는 옷 등 다른 사람에게 불쾌감이나 거부감을 줄 수 있는 복장은 피하는 것이 좋다.

01 위의 글을 소리 내어 읽어 보세요.

02 자율 복장으로 출근하면 어떤 점이 좋은지 말해 보세요.

03 _____ 씨는 출근할 때 어떤 옷을 입고 가는 것이 좋다고 생각합니까? 그 이유를 말해 보세요.

04 _____ 씨는 시간이 있을 때 무엇을 하는지 말해 보세요.

05 한국의 지하철과 _____ 씨 나라의 지하철에는 어떤 차이가 있는지 말해 보세요.

실전 모의고사

⏱ 시험 시간: 60분(객관식 + 단답형 주관식) | 📝 정답 및 해설 p.191

01-02 다음 (   )에 들어갈 가장 알맞은 것을 고르시오.

01

가: 남자는 뭐하고 있어요?
나: (   ).

① TV를 봐요
② 편지를 써요
③ 전화를 해요
④ 친구를 만나요

02

나는 갖고 싶었던 신발을 언니(   ) 생일 선물로 받았다.

① 와
② 가
③ 한테
④ 에서

03-04 다음 〈보기〉를 참고하여 밑줄 친 부분과 의미가 반대인 것을 고르시오.

보기

가: 냉장고에 우유가 <u>있어요</u>?
나: 아니요, (   ).

❶ 없어요　　② 많아요　　③ 높아요　　④ 좋아요

03

가: 바지 사이즈가 어때요? 지현 씨한테 좀 <u>작아요</u>?
나: 아니요, 바지가 좀 (   ).

① 커요
② 짧아요
③ 낮아요
④ 가까워요

04

가: 전에 쓰던 의자가 <u>불편해서</u> 이번에 새로 바꿨어요. 앉아 보니까 어때요?
나: 확실히 전에 사용하던 의자보다 (   ).

① 강해요
② 편해요
③ 더러워요
④ 지루해요

05-06 다음 ( )에 들어갈 가장 알맞은 것을 고르시오.

05

전화로 음식을 ( )하면 집으로 배달을 해 줘요.

① 안내
② 주문
③ 신고
④ 전달

06

지금은 바쁘니까 ( ) 다시 전화할게요.

① 자주
② 아까
③ 방금
④ 이따가

07-08 다음 밑줄 친 부분과 의미가 반대인 것을 고르시오.

07
가: 메이 씨는 보통 <u>앉아서</u> 일해요?
나: 아니요, 저는 판매 직원이라서 주로 (　　　　) 일해요.

① 서서
② 가서
③ 팔아서
④ 걸어서

08
가: 지금 집은 너무 <u>어두워서</u> 이사를 가고 싶어요.
나: 그래요? 그럼 제가 (　　　　) 방을 소개해 줄게요.

① 밝은
② 넓은
③ 가까운
④ 조용한

09-12 다음 (   )에 들어갈 가장 알맞은 것을 고르시오.

09
김 선수는 "이번 대회에서 (   )을 목표로 노력하겠다."고 소감을 밝혔다.

① 합격
② 우승
③ 성공
④ 참석

10
마포구는 취업 준비생에게 정장 대여비로 최대 10만 원을 (   ) 있다.

① 신청하고
② 지원하고
③ 취업하고
④ 모집하고

11   그 사람은 오랫동안 한국에 살아서 한국어가 (   ).

① 유사하다
② 유리하다
③ 유명하다
④ 유창하다

12   TV 광고에서 새로 나온 제품의 (   )을 설명하고 있다.

① 조건
② 의견
③ 능력
④ 특징

13-14 다음 〈보기〉를 참고하여 밑줄 친 부분과 의미가 비슷한 것을 고르시오.

> **보기**
>
> 가: 요즘은 세상이 정말 빨리 <u>변하고</u> 있네요.
> 나: 맞아요. 모든 것이 너무 빨리 (　　　　) 적응하기가 힘들 정도예요.
>
> ① 달려서　　② 지나서　　❸ 바뀌어서　　④ 움직여서

13
　　가: 다음 달에 가족들과 하와이로 여행을 가려고 하는데 어디에 <u>물어보는</u> 게 좋아요?
　　나: 여행사에 전화로 (　　　　) 보세요.

① 항의해
② 고민해
③ 예측해
④ 문의해

14
　　가: 이번 전시회에 <u>훌륭한</u> 작품이 많이 전시된다고 해요.
　　나: 네, 이번 대회에서 입상한, (　　　　) 작품들만 전시한다고 해요.

① 독특한
② 참신한
③ 뛰어난
④ 적절한

15-20 다음 대화의 ( )에 들어갈 가장 알맞은 것을 고르시오.

15
가: 내일 같이 영화를 볼까요?
나: 아, 미안해요. 내일 비자 때문에 대사관에 ( ).

① 가야 해요
② 가 있어요
③ 가면 돼요
④ 갔다 왔어요

16
가: 지금 밤 11시예요. 이제 집에 가야 해요.
나: 벌써 시간이 그렇게 지났어요? ( ) 시간 가는 줄 몰랐어요.

① 숙제하면서
② 숙제하려고
③ 숙제하느라고
④ 숙제하는 대로

17

가: 이 옷은 어때요?
나: 제가 이 옷을 (　　　　) 살을 빼야 해요.

① 입으려면
② 입을수록
③ 입자마자
④ 입은 김에

18

가: 왜 이렇게 작은 소리로 통화해요?
나: 지금 아기가 자고 있어서 아기가 (　　　　) 조용히 말하고 있어요.

① 깨려면
② 깨더니
③ 깰까 봐
④ 깨더라도

19

가: 선생님은 지금 어떤 일을 하고 계십니까?
나: 저는 외국인들이 한국에서 잘 생활할 수 (　　　　) 돕고 있습니다.

① 있어서
② 있다면
③ 있도록
④ 있으면

20

가: 제인 씨 할머니께서 돌아가셨다면서요?
나: 네, (　　　　) 사실은 많이 힘들 거예요.

① 괜찮아서
② 괜찮을 테니
③ 괜찮은 척하지만
④ 괜찮을 뿐만 아니라

21-22 다음 질문에 답하시오.

21 다음 중 글의 흐름과 어울리지 <u>않는</u> 문장을 고른 것은?

> 이 옷은 우리 회사의 작업복입니다. (가)<u>우리는 작업복으로 티셔츠, 바지, 조끼를 입습니다.</u> 티셔츠와 바지는 시원하고 편합니다. (나)<u>땀도 빨리 마릅니다.</u> 조끼에는 주머니가 많습니다. (다)<u>주머니가 너무 많아서 내일 환불을 하러 갈 예정입니다.</u> (라)<u>저는 우리 회사의 작업복이 아주 마음에 듭니다.</u>

① (가)
② (나)
③ (다)
④ (라)

22 다음 중 ㉠이 의미하는 것으로 알맞은 것은?

> 사람들은 더 나은 삶을 위해 새로운 것을 개발하고 기술을 발전시킨다. 그 결과 우리 사회는 끊임없이 발전하고 있으며, 특히 과학 기술의 발전은 인간에게 상상도 못 한 편리함을 제공해 준다. 즉, ㉠<u>예전에는 사람이 직접 모든 일을 했지만 요즘은 과학 기술이 사람의 일을 대신 해 준다.</u> 인공 지능(AI)에게 모르는 것을 물어보면 음성으로 정보를 바로 제공해 주고, 로봇 청소기로 집안일도 손쉽게 해결할 수 있게 되었다. 또한 사물 인터넷(IoT)을 이용해 휴대 전화 하나로 집 안의 모든 전자 제품을 켜고 끄는 일을 할 수도 있다.

① 우리 사회는 모든 사물이 하나로 연결되어 있다.
② 앞으로 과학 기술이 얼마나 더 발전할지 기대가 된다.
③ 기술의 개발과 발전은 우리의 삶을 더 편리하게 해 주었다.
④ 과학 기술의 발전으로 인간은 더 이상 일을 하지 않아도 된다.

23-24 다음 밑줄 친 부분이 <u>틀린</u> 것을 고르시오.

23
① 화장실에 잠깐 다녀왔더니 내가 <u>마시던</u> 커피가 없어졌다.
② 엄마가 가르쳐 <u>주는 바람에</u> 요리를 맛있게 할 수 있었다.
③ 커피숍 창가에 <u>앉아 있는</u> 저 사람이 바로 내 남자친구다.
④ 편의점 일이 <u>쉬울 줄 알았는데</u> 막상 해 보니 꽤 어려웠다.

24
① 꼼꼼하게 확인하지 않으면 <u>실수할 리가 없다</u>.
② 오늘이 12월 29일이니까 올해도 다 <u>간 셈이다</u>.
③ 꾸준히 노력하는 사람은 언젠가 <u>성공하는 법이다</u>.
④ 스마트폰을 보면서 걷다가 하마터면 차에 <u>치일 뻔했다</u>.

25-26 다음 대화의 (　)에 들어갈 가장 알맞은 것을 고르시오.

25
가: 괜찮아요? 얼굴이 안 좋아 보여요.
나: 괜찮지 않아요. (　　　) 아침도 못 먹었더니 기운이 없네요.

① 점심이라도
② 점심은커녕
③ 점심까지는
④ 점심뿐 아니라

26
가: 왜 이렇게 늦었어요? 조금만 더 늦었으면 입장을 못 할 뻔했어요.
나: 죄송해요. 차가 너무 막혔어요. 이럴 줄 알았으면 지하철을 (　　　).

① 탔으면 해요
② 탄 게 뻔해요
③ 타나마나지요
④ 탈걸 그랬어요

27-28 다음 밑줄 친 부분이 <u>틀린</u> 것을 고르시오.

27   ① 그 사람과 <u>결혼하느니</u> 나는 너무 행복할 것 같다.
　　② 비가 많이 오지만 행사는 <u>예정대로</u> 진행될 거라고 한다.
　　③ 그녀는 거짓말을 많이 해서 <u>가족조차</u> 그녀를 믿지 않는다.
　　④ 영화관에 갈 시간이 없어서 <u>집에서라도</u> 영화를 보려고 한다.

28   ① 성산 일출봉에 올라가면 제주도가 한눈에 <u>보인다</u>.
　　② 옆집에서 음악 소리가 시끄럽게 <u>들려서</u> 불편하다.
　　③ 산에서는 뱀에게 <u>물리지</u> 않도록 등산로로만 다녀야 한다.
　　④ 사람이 많은 지하철에서 실수로 다른 사람의 발을 <u>밟혔다</u>.

[29-32] 다음을 읽고 ( )에 들어갈 가장 알맞은 것을 고르시오.

29

내일은 가장 친한 친구의 생일입니다. 내일 저녁 6시에 친구 집에서 파티를 (　　　) 했습니다. 그래서 오늘 오후에 백화점에 가서 친구에게 줄 선물을 사려고 합니다. 친구는 생일 파티에서 먹을 음식을 준비하겠다고 했습니다. 내일 생일 파티가 재미있었으면 좋겠습니다.

① 보기로
② 주기로
③ 갖기로
④ 열기로

30

사회가 변화하면서 일과 육아를 함께 하는 맞벌이 부부가 늘어나고 있다. 정부에서는 이들의 어려움을 (　　　) 위해 여러 가지 정책을 내놓고 있지만, 여전히 일을 하면서 아이를 돌보는 것은 쉽지 않다.

① 확인해 주기
② 검사해 주기
③ 선택해 주기
④ 해결해 주기

31

나는 지난주에 경주 여행을 다녀왔다. 경주는 신라의 수도였기 때문에 문화재가 많이 남아 있다. 그래서 사람들은 경주를 (　　　　)(이)라고 부르기도 한다. 나는 경주에 도착해서 제일 먼저 불국사에 갔다. 불국사는 한국에서 가장 유명한 절이다. 그 절에 들어가자마자 다보탑과 석가탑을 볼 수 있었다. 다보탑을 보고 10원짜리 동전을 꺼내서 비교해 보니 10원짜리에 그려진 것과 똑같은 모습이어서 정말 신기했다. 불국사 구경을 마치고 석굴암에도 가 봤다. 가는 길은 조금 힘들었지만 석굴암의 모습이 너무 아름다워서 힘든 것은 금방 잊어버렸다.

① 교통의 요지
② 역사의 도시
③ 경제의 중심지
④ 군사 주요 지역

32

한국의 회사에서는 회식을 자주 하는 편이다. 회식을 통해서 함께 일하는 사람들을 알아가거나 업무 시간에는 할 수 없었던 이야기들을 편하게 하기도 한다. 예전에는 회식을 하면 보통 밥을 먹고 술을 마셨다. 한 번에 끝나는 경우는 거의 없었고 거의 대부분 2차, 3차로 이어져서 늦은 밤에 회식이 끝나곤 했다. 그러나 최근 새로운 회식 문화가 생겼다. (　　　　) 예전 회식과는 달리 요즘은 함께 저녁 식사를 하면서 원하는 사람들만 술을 마신다. 그리고 보통은 1차에서 회식이 끝난다. 또 어떤 회사는 술을 마시는 회식 대신 함께 문화 활동을 하는 방식으로 회식을 하기도 한다.

① 1차에서 끝나던
② 늦게까지 술을 마시던
③ 동료들과 이야기를 하던
④ 함께 문화 활동을 즐기던

[33-34] 다음 질문에 답하시오.

> 한국인하면 떠오르는 단어는 '정'과 '흥'입니다. 정은 한국 사람들의 따뜻한 마음을 나타냅니다. 시장에서 손님에게 하나라도 더 챙겨 주려고 하는 덤 문화가 그것을 잘 보여줍니다. 그리고 흥은 어떤 일을 하든지 더 즐겁고 신나게 하는 한국인의 모습을 나타냅니다. 신나는 K-pop이나 난타 등은 ㉠그것을 잘 표현했다고 할 수 있습니다.

33 ㉠이 가리키는 것은?

① 덤
② 흥
③ 정
④ 문화

34 위 글의 내용과 같은 것은?

① 덤 문화는 한국인의 흥을 보여줍니다.
② 시장에서 돈을 더 벌기 위해 덤을 줍니다.
③ 한국인들은 따뜻한 마음을 지니고 있습니다.
④ 무엇이든 즐기는 한국인의 모습을 '정이 많다'고 합니다.

35-38 다음 질문에 답하시오.

35 다음 글의 내용과 같은 것은?

> 드론이란 사람이 타지 않고 무선으로 조종하는 기계를 말한다. 드론이 활용되는 곳은 매우 다양하다. 택배나 화물을 배달하는 물류 관리부터 다리나 높은 건물 등의 시설 관리, 바다에서 사람을 구하는 구조 관리, 범죄 예방 등의 안전을 책임지는 순찰 관리, 자연환경을 조사하는 탐사 관리 등에 이용된다. 이렇게 드론이 여러 곳에 활용되는 이유는 돈과 시간을 적게 들일 수 있기 때문이다.

① 드론은 사용 방법이 매우 복잡하다.
② 드론은 여러 장소에서 활용되기는 힘들다.
③ 드론은 제한된 시간 동안만 사용이 가능하다.
④ 드론은 많은 일을 할 수 있고 비용도 저렴하다.

36 다음 문의 글의 내용과 같은 것은?

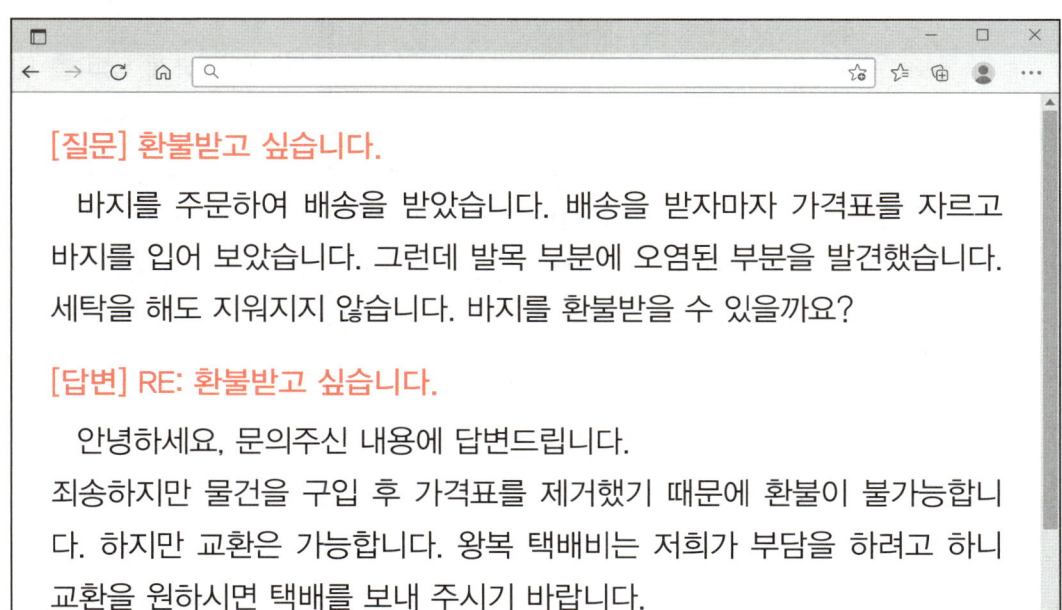

① 제품을 받으면 교환을 할 수 없다.
② 세탁을 하면 오염이 없어질 것이다.
③ 가격표를 자르면 환불을 받을 수 없다.
④ 왕복 택배비는 반드시 구매자가 부담해야 한다.

37 다음 글의 중심 내용으로 알맞은 것은?

캡슐 커피(capsule coffee)는 가정, 회사 등에서 편리하게 커피를 마실 수 있어 최근에 많은 인기를 얻고 있다. 그러나 캡슐 커피를 마시는 사람이 증가하면서 일회용 캡슐도 함께 늘어나고 있다. 캡슐은 크기가 작고 여러 개의 층으로 나뉘어 있어서 재활용이 어려워 환경 오염을 일으키는 원인 중 하나이다. 그래서 이러한 문제를 해결하기 위하여 일부 회사에서는 캡슐을 직접 가져가 다른 용도로 재활용하고 있다. 또, 일부 소비자들은 재사용이 가능한 캡슐을 구입하여 사용하기도 한다.

① 일회용 캡슐을 함부로 버리는 사람이 많다.
② 일회용 캡슐을 재활용하려면 많은 과정이 필요하다.
③ 일부 회사에서 캡슐을 친환경으로 만들어서 소비자들에게 판매하고 있다.
④ 캡슐의 환경 오염 문제를 해결하기 위해 회사와 소비자들이 노력하고 있다.

38 다음 글의 제목으로 알맞은 것은?

한국 사람들은 사람들과 만나고 친해지기 위하여 모임을 즐겨 한다. 대표적인 모임으로 동창회와 동호회가 있다. 동창회는 같은 학교를 졸업한 사람들이 모여 친목을 다지는 모임이다. 송년회, 체육 대회와 같은 모임을 정기적으로 열기도 하고 단체 여행을 가기도 한다. 한편 동호회는 등산, 악기 연주, 스포츠 등과 같은 취미를 함께 즐기는 사람들의 모임이다. 이러한 동호회는 보통 학교, 지역, 직장, 인터넷 커뮤니티를 중심으로 만들어진다. 요즘은 온라인에서 정보를 공유하는 모임이 먼저 만들어지고, 이를 실제 모임으로 연결해 직접 만나기도 한다.

① 한국 사람들의 모임
② 정보 공유의 영향력
③ 시대에 따른 모임의 변화
④ 동창회와 동호회의 차이점

[39-46] 다음 질문에 답하시오.

39 다음 중 상하이 훙커우 공원에서 폭탄을 던진 인물은?
① 김구
② 윤봉길
③ 이완용
④ 안중근

40 나라 이름과 나라를 세운 시조가 서로 잘못 연결된 것은?
① 백제 – 대조영
② 신라 – 박혁거세
③ 고구려 – 고주몽
④ 고조선 – 단군왕검

41 다음 중 '조심하세요'라는 의미의 교통 표지판은?

①
②
③
④

42 다음 중 한국인들이 시험을 치기 전 잘 먹지 않는 음식은?
① 엿
② 떡국
③ 미역국
④ 찹쌀떡

43 한국인의 가치 중 '서로서로 돕다'라는 뜻을 가진 것은?
① 효
② 예절
③ 유대감
④ 상부상조

44 다음 중 대한민국 국민의 4대 의무가 아닌 것은?
① 건강의 의무
② 납세의 의무
③ 교육의 의무
④ 국방의 의무

45 한국의 교육 제도에 대한 설명 중 옳지 않은 것은?

① 초등학교와 고등학교는 의무교육이고 학비가 무료이다.
② 초등학교는 6년, 중학교와 고등학교는 각각 3년 과정이다.
③ 고등학교는 일반계와 전문계, 특수 목적 고등학교로 나뉜다.
④ 대학교는 보통 4년제이고, 전문 대학은 2년제와 3년제가 있다.

46 출입국·외국인청(사무소)의 업무 범위에 포함되지 않는 것은?

① 혼인 신고
② 사증 발급
③ 재외동포 거소 신고
④ 출입국사실증명서 발급

[47~48] 다음 질문에 답하시오.

47 <보기>에서 소비자 상담 센터에 대한 옳은 설명을 모두 고른 것은?

> **보기**
> ㄱ. 피해 구제 신청은 소비자 상담 센터에 해야 합니다.
> ㄴ. 소비자의 피해에 대한 상담을 받고 싶으면 1372번으로 전화하면 됩니다.
> ㄷ. 소비자 상담 센터는 소비자의 소비 습관을 확인시켜주고 해결 방법을 제시해 줍니다.
> ㄹ. 소비자의 피해뿐만 아니라 사업자와 소비자 간의 분쟁에 대한 상담도 요청할 수 있습니다.

① ㄱ, ㄷ
② ㄱ, ㄹ
③ ㄴ, ㄷ
④ ㄴ, ㄹ

48 다음 글의 내용과 같은 것은?

> 서울은 한국의 수도로 정해진 지 600여 년이나 되었다. 그래서 서울에는 한국의 역사적인 건물이 많이 남아 있다. 경복궁, 창경궁, 덕수궁 등 조선 시대 왕이 살던 궁궐이 다섯 개나 있고, 양반들이 살던 한옥 마을도 잘 보존되어 있다. 또한 서울은 현재 한국의 정치, 경제, 문화의 중심지 역할을 하고 있기 때문에 현대적인 도시의 모습도 갖추고 있다. 고층 빌딩이 높이 솟아 있고, 교통 시설과 편의 시설도 잘 갖춰져 있다. 한마디로 말해 서울은 현재와 과거가 공존하는 도시라 할 수 있다.

① 한국의 수도인 서울은 아주 오랜 역사를 간직하고 있다.
② 서울을 여행하면 한국의 현대적인 모습만 확인할 수 있다.
③ 한옥 마을은 서울에서 가까운 곳에 있어서 금방 갈 수 있다.
④ 서울이 현대적인 모습으로 변하면서 역사 유적지가 사라졌다.

49-50 다음을 읽고 ( )에 알맞은 것을 쓰시오.

49
가: 페이 씨, 몸이 안 좋아 보여요. 기침도 많이 하네요.
나: 네. 목이 아프고 열도 나요. 요즘 회사에서 무리하게 일을 해서 (   ) 걸린 것 같아요.

50
한국에서는 하늘에 뜬 해의 움직임을 보고 1년을 15일씩 스물넷으로 나누어 계절의 변화를 나타냈는데 이를 절기라고 한다. 그중 낮과 밤의 (   ) 계절의 기준이 되는 날을 4가지로 정했는데, 1년 중 낮의 길이가 가장 긴 날을 하지라고 하고, 밤의 길이가 가장 긴 날을 동지라고 한다. 그리고 낮이 점점 길어지면서 낮과 밤의 길이가 같아지는 시기를 춘분이라고 한다. 반대로 낮이 점점 짧아지면서 낮과 밤의 길이가 같아지는데 이때를 추분이라고 한다.

구술시험 (각 5점)

⏱ 시험 시간: 10분

01–02

법은 사회 구성원들이 함께 지키기로 한 약속이며 그 나라 국민의 가치관을 반영한다. 그래서 그 나라의 법을 알면 그 나라 사람들의 생각과 정서를 더 쉽게 이해할 수 있다. 그런데 한국에서 살고 있는 외국인들은 가끔 한국의 법을 잘 몰라서 벌금을 내거나 심한 경우 징역형을 선고받기도 한다. 그러므로 더 안전하고 편안한 한국 생활을 위해서는 한국의 법을 어느 정도 알아 두는 것이 좋다.

01 위의 글을 소리 내어 읽어 보세요.

02 한국의 법을 잘 알고 지켜야 하는 이유를 말해 보세요.

03 본인 나라와 비교했을 때 한국의 어떤 점(법률)이 불편한지 말해 보세요.

04 _____ 씨는 한국어를 배우면 한국에서 어떤 일을 하고 싶습니까? 왜 그 일을 하고 싶은지 말해 보세요.

05 한국 경제가 단기간에 급속히 성장하게 된 이유를 말해 보세요.

시대에듀 사회통합프로그램 사전평가 단기완성

제3편

정답 및 해설

제1회 정답 및 해설
제2회 정답 및 해설
제3회 정답 및 해설

합격의 공식 ▶ **온라인 강의**

임준 선생님의 친절한 강의를 듣고 싶다면?
YouTube 접속 ➜ **사회통합프로그램 study** 채널 검색 ➜ 구독
➜ [사전평가 단기완성] 재생 목록 click!

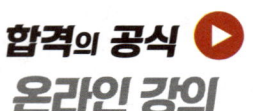

제1회 정답 및 해설

빨리 보는 정답

01	02	03	04	05	06	07	08	09	10
④	④	①	④	③	②	③	①	③	①
11	12	13	14	15	16	17	18	19	20
③	①	②	②	③	②	③	④	②	①
21	22	23	24	25	26	27	28	29	30
③	④	②	④	③	③	①	①	②	①
31	32	33	34	35	36	37	38	39	40
③	③	④	③	④	③	②	②	③	②
41	42	43	44	45	46	47	48		
②	③	④	③	③	④	②	③		

49	50
정답: 돌아가신	정답: 걸리지 않도록 / 걸리지 않게

01 ④

사진 속의 여자는 거실을 청소하고 있으므로 '청소해요'가 알맞다.

02 ④

'날씨가 춥다. 그리고 바람도 분다. 그래서 밖에 오래 있을 수가 없다.'로 풀어 쓸 수 있다. '춥다'와 '바람이 불다' 모두 밖에 오래 있을 수 없는 조건을 말하고 있으므로 현재의 상태에서 더함을 나타내는 조사 '까지'가 알맞다.

03 ①

① 넓다(넓어요) ↔ 좁다(좁아요)
② 짧다(짧아요) ↔ 길다(길어요)
③ 적다(적어요) ↔ 많다(많아요)
④ 얇다(얇아요) ↔ 두껍다(두꺼워요)

词汇	넓다 宽	좁다 窄	짧다 短	길다 长
	적다 少	많다 多	얇다 薄	두껍다 厚

04 ④

① 어둡다(어두운) ↔ 밝다(밝은)
② 편리하다(편리한) ↔ 불편하다(불편한)
③ 깨끗하다(깨끗한) ↔ 더럽다(더러운)
④ 한적하다(한적한) ↔ 복잡하다(복잡한)

词汇	어둡다 黑暗	밝다 明亮	편리하다 方便	불편하다 不便, 不舒服
	깨끗하다 干净	더럽다 脏	한적하다 寂静	복잡하다 拥挤

05 ③

새로운 집으로 이사하여 이 사실을 행정복지센터에 알려주는 것으로 '전입 신고'가 알맞다.

词汇	결제 结算, 结账	문의 问, 咨询	신고 举报	접수 收取, 接收

06 ②

어떤 것을 금지하는 뜻을 나타낼 때는 '-(으)면 안 되다'를 쓴다. 그리고 주로 금지의 표현과 함께 '절대' 또는 '절대로'를 사용하여 금지의 의미를 강조한다. 따라서 '여기에서 담배를 피우면 절대 안 돼요.'가 알맞다.

词汇	꼭 必	절대 千万	마냥 尽情地	아주 完全

07 ③

① 밝다(밝은) ↔ 어둡다(어두운)
② 가볍다(가벼운) ↔ 무겁다(무거운)
③ 저렴하다/싸다(저렴한/싼) ↔ 비싸다(비싼)
④ 깨끗하다(깨끗한) ↔ 더럽다(더러운)

词汇	밝다 明亮	어둡다 黑暗	가볍다 轻	무겁다 重
	저렴하다/싸다 便宜	비싸다 贵	깨끗하다 干净	더럽다 脏

08 ①

① '반납하다'는 '빌린 것이나 받은 것을 다시 돌려주다'의 의미이다.
② '복사하다'는 '(기계를 이용하여) 문서, 그림, 사진 등을 똑같이 만들어 내다'의 의미이다.
③ '대여하다'는 '물건이나 돈 등을 나중에 돌려받기로 하고 얼마 동안 쓰게 하다'의 의미이다.
④ '교환하다'는 '무엇을 다른 것으로 바꾸다'의 의미이다.

词汇	대출하다 借阅, 出借, 贷, 贷款	반납하다 还给, 交还	복사하다 复印
	대여하다 借用, 借给	교환하다 换, 交换	

알아두기 ✓

대여와 대출
가게에서 돈을 받고 물건을 빌리는 것(또는 빌려주는 것)을 '대여'라고 한다. 그런데 도서관에서 책을 빌리거나 은행에서 돈을 빌리는 것(또는 빌려주는 것)은 '대출'이라고 한다.

09 ③

짐승이나 동물, 물고기 등을 세는 단위를 '마리'라고 한다.

词汇	고양이 猫	명(분) 个人(位)	개 个, 块	마리 只	조각 块

10 ①

'한국사 시험 응시 원서를 내다'와 의미가 같은 것은 '한국사 시험 응시 원서를 제출하다'이다. 그러므로 '제출하다(제출해야)'가 알맞다.

词汇 제출하다 提交　　신고하다 申报, 举报　　마련하다 准备　　모집하다 招收

11 ③

떡볶이를 가져갈 수 있도록 포장을 요청하고 있다. 상대방에게 명령하거나 요청 또는 부탁을 할 때는 '-아/어 주다'를 쓰는 것이 알맞다.

词汇 가게 小店　　　　　　　포장 包装

> **한국어 100점 맞기**
>
> **-아/어 주다**
> 다른 사람을 위해 어떤 일이나 행동을 하는 것을 나타내는 표현(주로 상대방에게 어떤 일을 부탁할 때 많이 사용함)
> 예 내가 김밥을 만들어 줄까?
> 　　영어를 가르쳐 주세요.

12 ①

집을 구할 때는 '부동산'에 가서 공인 중개사를 통해 알아보는 것이 안전하다. 그리고 원하는 집을 구한다면 반드시 등기부 등본을 확인하고, 문제가 없을 시에 직접 집주인을 만나 '계약서'를 작성해야 한다.

词汇 부동산 房地产　　계약서 合同　　서점 书店　　지원서 志愿书

13 ②

'치우다'와 비슷한 의미를 가진 말은 '정리하다/청소하다'이다.

词汇 치료 治疗　　정리 归置　　수리 修理　　처리 处理

14 ②

'전송하다'와 비슷한 의미를 가진 말은 '보내다'이다.

> **词汇** 전송하다 电传　　쓰다 写, 书写　　보내다 送　　지우다 擦掉, 擦除
> 　　　가져가다 拿走

15 ③

'뭐 하려고 해요?'는 미래의 계획을 묻는 말이기 때문에 자신의 계획을 말하는 '-(으)ㄹ까 하다'를 쓰는 것이 알맞다.

> **한국어 100점 맞기**
>
> **-(으)ㄹ까 하다**
>
> 확실하지 않은 미래의 계획을 말할 때 쓰는 표현
> 예) 주말에 영화를 볼까 한다.
> 　　내일은 김치찌개를 먹을까 해요.

16 ②

동시에 두 가지 이상의 행동을 할 때 '-(으)면서'를 쓴다. 형은 '맥주를 마시다'와 '야구 경기를 보다'를 동시에 하고 있기 때문에 '마시면서'를 쓰는 것이 알맞다.

> **한국어 100점 맞기**
>
> **-(으)면서**
>
> 두 가지 이상의 행동을 동시에(같은 시간에) 할 때 쓰는 표현
> 예) 2시부터 3시까지 밥을 먹어요. 그리고 텔레비전도 봐요.
> 　→ 2시부터 3시까지 밥을 먹으면서 텔레비전을 봐요.

17 ③

일어난 사실이나 상황에 더해 다른 사실이나 상황이 있을 때 '-(으)ㄴ/는 데다가'를 쓴다. 새로 생긴 영화관에 대해 '직원들이 친절하다'와 '시설도 깨끗하다'라는 두 가지 사실을 함께 말하고 있으므로 '친절한 데다가'를 쓰는 것이 알맞다.

알아두기 ✓

같은 뜻, 다른 표현

	친절해요. 그리고	
	친절하고	
직원들이	친절한 데다가	시설도 깨끗해요.
	친절할 뿐(만) 아니라	
	친절한 것은 물론이고	

18 ④

어떤 일을 하는 중에 다른 일을 하게 될 때는 '-는 길에'를 쓴다. '-는 길에'는 주로 이동을 나타내는 동사와 함께 사용되며, 여기서는 '오다'와 결합하여 '오는 길에'를 쓰는 것이 알맞다.

19 ②

신입사원이 일을 잘하는지 못하는지에 대해 묻고 있기 때문에 신입사원이 일을 못한다는 부정이나 반박을 나타내는 '-기는요'를 쓰는 것이 알맞다.

20 ①

여러 가지 조건이 모두 괜찮거나 여러 사실 중에 어느 것을 선택해도 상관이 없을 때 '-든지'를 쓰는 것이 알맞다.

한국어 100점 맞기

-든지

1) 나열된 동작이나 상태, 대상들 중에서 어느 것이든 선택될 수 있음을 나타내는 표현
   예) 집에 **가든지** 학교에 **가든지** 마음대로 하세요.
   　　내일 공원에서 산책을 **하든지** 자전거를 **타든지** 합시다.

2) 실제로 일어날 수 있는 여러 가지 중에서 어느 것이 일어나도 뒤 절과 아무런 상관이 없음을 나타내는 표현
   예) 만나서 점심을 **먹든지** 저녁을 **먹든지** 저는 다 좋습니다.
   　　(= 점심과 저녁 중 무엇을 먹어도 상관이 없다.)
   　　날씨가 **춥든지 덥든지** 그는 매일 아침 운동을 하러 나간다.
   　　(= 날씨가 추워도 운동을 하고, 날씨가 더워도 운동을 한다.)

21 ③

(다)는 설날에 대한 내용이다. 떡국은 설날에 먹는 음식이다.

22 ④

중고 육아용품을 구입한 경험이 없는 사람들이 앞으로 중고 육아용품을 사거나 주변 사람들에게 물려받을 생각이 있다고 대답한 것은 중고 육아용품을 사용해 볼 생각이 있다는 의미이므로 '중고 육아용품을 쓰는 것에 대해 긍정적으로 생각하고 있다.'가 알맞다.

23 ②

친구가 도와주었기 때문에 비자 연장을 쉽게 할 수 있었다는 내용이므로 좋은 결과에 대한 이유와 원인을 나타내는 '-(으)ㄴ/는 덕분에'를 쓰는 것이 알맞다.
② 친구가 <u>도와준 김에</u> 비자 연장을 쉽게 할 수 있었다. (×)
　→ 친구가 <u>도와준 덕분에</u> 비자 연장을 쉽게 할 수 있었다. (○)
　→ 친구가 <u>도와줘서</u> 비자 연장을 쉽게 할 수 있었다. (○)

> **한국어 100점 맞기**
>
> **-(으)ㄴ/는 김에**
>
> 앞의 말이 나타내는 행동에 이어서 또는 그 행동을 계기로 그것과 관련된 다른 행동도 함께 함을 나타내는 표현
>
> 예 부산으로 출장을 <mark>가는 김에</mark> 부산에 사는 친구도 만나고 오려고 해요.
> 밖에 <mark>나온 김에</mark> 밥을 사 먹고 들어가려고 합니다.

24 ④

부장님이 그녀에게 중요한 프로젝트를 맡도록 시켰기 때문에 '맡다'의 사동 표현인 '맡겼다'를 쓰는 것이 알맞다.

④ 부장님이 그녀에게 중요한 프로젝트를 <u>맡았다</u>. (×)

→ 부장님이 그녀에게 중요한 프로젝트를 <u>맡겼다</u>. (○)

> **한국어 100점 맞기**
>
> **사동 표현**
>
> 문장의 주체가 자기 스스로 행하지 않고 남에게 그 행동이나 동작을 하게 함을 나타내는 표현
>
> | -이- | | -히- | | -리- | |
> |---|---|---|---|---|---|
> | 먹다 | 먹이다 | 읽다 | 읽히다 | 알다 | 알리다 |
> | 죽다 | 죽이다 | 입다 | 입히다 | 울다 | 울리다 |
> | 끓다 | 끓이다 | 앉다 | 앉히다 | 살다 | 살리다 |
> | 보다 | 보이다 | 눕다 | 눕히다 | 놀다 | 놀리다 |
> | 속다 | 속이다 | 맞다 | 맞히다 | 돌다 | 돌리다 |
> | -기- | | -우- | | -추- | |
> | 벗다 | 벗기다 | 자다 | 재우다 | 늦다 | 늦추다 |
> | 신다 | 신기다 | 서다 | 세우다 | 낮다 | 낮추다 |
> | 씻다 | 씻기다 | 타다 | 태우다 | 맞다 | 맞추다 |
> | 감다 | 감기다 | 쓰다 | 씌우다 | | |
> | 웃다 | 웃기다 | 깨다 | 깨우다 | | |
> | 맡다 | 맡기다 | 크다 | 키우다 | | |
> | 남다 | 남기다 | 피다 | 피우다 | | |

-이-	아이가 밥을 먹다	→	엄마가 아이에게 밥을 **먹이다**
-히-	학생이 책을 읽다	→	선생님이 학생에게 책을 **읽히다**
-리-	동생이 울다	→	형이 동생을 **울리다**
-기-	관객이 웃다	→	코미디언이 관객을 **웃기다**
-우-	택시가 서다(stop)	→	손님이 택시를 **세우다**
-추-	의자가 낮다	→	철수가 의자를 **낮추다**

25 ③

'이해하기 쉽지 않다.'는 이해하기 어렵다는 의미이므로 앞의 내용을 바탕으로 기대한 것과 다른 결과가 이어짐을 나타내는 '-(으)ㄴ/는데도'를 쓰는 것이 알맞다.

> **한국어 100점 맞기**
>
> **-(으)ㄴ/는데도**
>
> 앞에 오는 상황에 상관없이 뒤에 오는 상황이 일어남을 나타내는 표현
> 예) 비가 **오는데도** 공원에 사람이 많았다.
> 　　열심히 **공부하는데도** 성적이 오르지 않는다.

26 ③

'오랜 시간을 함께 하다'라는 조건과 '정이 들다'라는 당연하다고 생각하는 결과가 자연스럽게 연결되기 위해서 당연한 결과를 나타내는 '-기 마련이다'를 쓰는 것이 알맞다.

> **한국어 100점 맞기**
>
> **-기 마련이다**
>
> 당연히 그럴 것임을 나타내는 표현
> 예) 시간이 지나면 **익숙해지기 마련이에요**.
> 　　술을 너무 많이 마시면 몸이 안 **좋아지기 마련이지요**.

27 ①

와이파이 상태가 좋지 않아서 영상 통화가 끊어졌기 때문에 '끊다'의 피동 표현인 '끊기다'를 쓰는 것이 알맞다.

① 와이파이 상태가 안 좋아서 영상 통화가 <u>끊었다</u>. (×)

　　→ 와이파이 상태가 안 좋아서 영상 통화가 <u>끊겼다</u>. (○)

한국어 100점 맞기

피동 표현

주어가 남의 행동을 입어서 행하여지는 동작을 나타내는 표현

-이-		-히-		-리-		-기-	
보다	보이다	닫다	닫히다	듣다	들리다	끊다	끊기다
쓰다	쓰이다	잡다	잡히다	팔다	팔리다	안다	안기다
놓다	놓이다	먹다	먹히다	열다	열리다	쫓다	쫓기다
쌓다	쌓이다	꽂다	꽂히다	걸다	걸리다	빼앗다	빼앗기다
바꾸다	바뀌다	뽑다	뽑히다	풀다	풀리다	잠그다	잠기다
깎다	깎이다	막다	막히다	찌르다	찔리다	감다	감기다

-이-	컴퓨터를 쓰다	→	컴퓨터가 <mark>쓰이다</mark>
-히-	문을 닫다	→	문이 <mark>닫히다</mark>
-리-	과일을 팔다	→	과일이 <mark>팔리다</mark>
-기-	도둑을 쫓다	→	도둑이 <mark>쫓기다</mark>

28 ①

주말에 영화를 보려고 표를 미리 샀다는 내용이므로 행동을 끝내고 그 결과를 유지하는 상태를 나타내는 '-아/어 두다(놓다)'를 쓰는 것이 알맞다.

① 주말에 영화를 보려고 표를 미리 <u>예매하고 말았다</u>. (×)

　　→ 주말에 영화를 보려고 표를 미리 <u>예매해 두었다(놓았다)</u>. (○)

> **한국어 100점 맞기**
>
> **-고 말다**
> 1) 앞에 오는 말이 가리키는 행동이 안타깝게도 끝내 일어났음을 나타내는 표현
>   예) 열심히 간호하고 보살폈지만 강아지는 결국 <mark>죽고 말았다</mark>.
> 2) 앞에 오는 말이 가리키는 일을 이루고자 하는 말하는 사람의 강한 의지를 나타내는 표현
>   예) 이번 시험에서는 반드시 <mark>합격하고 말겠다</mark>.

29 ②

빈칸 뒤에서 고향에서는 왼손을 가슴에 대고 오른손으로 악수를 하며 인사하지만 한국에서는 악수 대신 고개를 숙여 인사한다고 설명하고 있다. 고향 문화와 한국 문화의 차이를 설명하고 있기 때문에 '다릅니다'가 알맞다.

| 词汇 | 적응 适应 | 예절 礼节, 礼貌 | 악수 握手 | 고개 后颈 |

30 ①

빈칸 뒤에 다음 주에는 시험과 과제 발표가 있기 때문에 기타 동호회에 갈 시간이 없다는 문장이 나오므로 '바빠서'가 알맞다.

| 词汇 | 동호회 爱好者协会, 同好会 | 바쁘다 忙 | 아프다 疼, 不舒服 |
| | 아쉽다 惋惜, 舍不得 | 어렵다 难 | |

31 ③

빈칸 앞의 내용은 이삿짐을 함께 옮겨 주신 이웃의 이야기다. 한국 사람들은 자기 일이 아니어도 이웃을 잘 도와준다는 내용이므로 '정이 많은 것 같다'가 알맞다.

| 词汇 | 이사 搬迁, 搬家 | 도와주다 帮助, 帮忙 | 긍정적이다 肯定的 |
| | 부지런하다 勤勉 | 정이 많다 多情 | (성격이) 급하다 性子急 |

32 ③

빈칸 앞의 내용은 직접 경험할 수 없어도 책을 통해 간접적으로 경험을 할 수 있다는 내용이다. 독서로 얻은 간접적인 경험은 직접 경험한 것과 똑같은 가치를 갖는다는 의미이므로 '직접 경험한 것만큼'이 알맞다.

词汇 기회 机会, 时机 　독서 读书 　경험 经验 　간접적 间接(的)

33 ④

㉠은 공공장소에서 반려동물과 함께 할 때 지켜야 할 규칙을 의미한다. 먼저, 동물 보호와 유실·유기 방지를 위해 동물등록을 하는 것이 좋다. 등록은 가까운 시·군·구청이나 등록대행 동물병원, 협회 등에서 할 수 있으며, 특히 생후 2개월 이상의 반려견은 반드시 동물등록을 해야 한다. 또한 외출 시에는 반려동물에게 인식표를 달아주고, 배변 봉투를 지참해야 하며, 공공장소에서는 반드시 목줄을 착용시켜야 한다.

词汇 공공장소 公共场所 　배설물 排泄物 　소유자 所有人 　규정 规定, 规则
　　　적발 被抓 　과태료 罚款

34 ③

③ 동물등록은 가까운 시·군·구청 또는 동물병원뿐만 아니라 협회, 협동조합, 보호센터 등 다양한 등록대행기관에서 할 수 있다.
① 등록 대상 동물을 등록하지 않을 경우 100만 원 이하의 과태료가 부과될 수 있으며, 정보 변경을 정해진 기간 내에 하지 않을 경우 50만 원 이하의 과태료가 부과될 수 있다.
② 한국에서는 1991년에 동물보호법이 처음 제정되었으며, 시대적 흐름에 맞춰 여러 차례 개정되어 왔다.
④ 소유자가 변경되거나 소유자의 성명·주소·전화번호 등이 변경된 경우 30일 이내에 변경 신고를 해야 한다.

35 ④

④ 한글의 자음은 발음 기관의 모양을 흉내 내서 만들었고, 모음은 하늘과 땅, 사람에 대한 철학을 담아 만들었다.
① 한글의 모음에는 하늘과 땅, 사람에 대한 철학이 담겨 있다.
② 한글은 분명한 목적을 가지고 계획적으로 만들었기 때문에 과학적이고 체계적인 문자이다.
③ 한글은 언제, 누가, 왜, 어떻게 만들었는지 알 수 있는 문자이다.

36 ③

③ 엘리베이터 점검으로 금요일 오전 10시부터 오후 12시까지는 엘리베이터를 사용할 수 없다.
① 재활용품은 섞지 말고 같은 것끼리 분리하여 배출해야 한다.
② 토요일에 분수대 앞에서 봄맞이 바자회를 실시할 예정이다.
④ 시대마트 지원자는 이력서를 메일로 제출하면 된다.

37 ②

② 작심삼일을 다른 관점에서 생각하면 어떤 것을 결심하고 나서 사흘을 실천하고 그만두어도 다시 새로운 마음으로 결심하여 사흘을 실천하면 일을 계속 이어나갈 수 있다는 뜻으로 볼 수 있다.
① 실패를 반복하더라도 새로운 마음으로 계속 실천하면 목표를 이룰 수 있다.
③ 작심삼일이란 결심한 것을 사흘밖에 지키지 못한다는 의미이다.
④ 글에서 알 수 없는 내용이다.

38 ②

주어진 글에서 바빠서 공연을 보러 가기 힘든 사람들을 위해 '찾아가는 공연'이 생겼고, '찾아가는 공연' 덕분에 집에서 가까운 곳(우리 동네)에서 공연을 볼 수 있게 되었다고 했다. 따라서 좋은 공연이 우리 동네로 왔다는 의미를 가진 '멋진 공연이 우리 동네로'가 알맞다.

39 ③

휴일지킴이약국은 휴일에도 약국을 여는 곳이다. 홈페이지나 모바일 앱(App)에서 약국 정보를 조회한 뒤에 직접 가서 약을 구입할 수 있다.

40 ②

한국에서 흰색 꽃은 장례식에 사용된다. 따라서 병원에 입원한 환자에게는 불쾌함을 줄 수 있기 때문에 피해야 한다. 병문안을 갈 때 선물은 환자와 환자의 가족에게 부담되지 않을 정도의 작은 선물이 좋다.

41 ②

한국에서는 60번째 생일을 환갑 또는 회갑이라고 하며, 생일에 하는 잔치를 환갑잔치 또는 회갑연이라고 한다.

42 ③

(가)의 계절은 여름이며, (나)의 계절은 봄이다. 여름은 날씨가 덥고 습하지만 봄은 날씨가 따뜻하다.

43 ④

조선 시대 때 일본이 조선을 침략하여 임진왜란이 일어났다. 그때 거북선을 이용하여 나라를 구한 인물은 이순신이다.

44 ③

충청북도는 대한민국의 중앙부에 위치해 있는 유일한 내륙도이다. 동서남북으로 다른 도시들과 이웃해 있어 교통이 편리하다.

45 ③

1인 가구 증가로 소형 아파트나 원룸(one-room)형 아파트가 인기를 얻고 있으며, 소포장 제품, 간편식, 1인분 메뉴의 소비도 늘었다. 그리고 혼자서 식사할 수 있는 전문 식당도 점점 많아지고 있다.

46 ④

광복절은 우리나라가 일본으로부터 해방(광복)된 것을 기념하고, 대한민국 정부 수립을 경축하는 날이다.

> **알아두기** ✓
>
> **5대 국경일 및 기념일**
> - 삼일절: 한민족이 일본의 식민통치에 항거하고 독립선언서를 발표하여 한국의 독립 의사를 세계에 알린 것을 기념하는 날
> - 제헌절: 대한민국의 헌법 공포를 기념하는 날
> - 광복절: 일본의 지배에서 벗어난 것을 기념하고, 대한민국 정부 수립을 경축하는 날
> - 개천절: 단군왕검이 최초의 국가인 고조선을 건국한 것을 기념하는 날
> - 한글날: 세종대왕의 한글 반포를 기념하고 한글의 연구·보급을 장려하기 위하여 제정한 날

47 ②

ㄴ. 연고는 피부에 발라서 병이나 상처를 치료하는 약이다.
ㄷ. 소화제는 위의 음식물 소화를 돕는 약이다. 배가 아프거나 속이 불편할 때 먹을 수 있다.

48 ③

③ 수원 화성은 상업적 기능과 군사적 기능을 동시에 수행하도록 설계되었다.
① 정조는 수도를 서울에서 수원으로 옮기려는 계획을 세웠고, 이를 준비하기 위해서 화성을 만들기 시작했다.

② 10년이 넘게 걸릴 것이라고 예상했던 공사는 정약용이 발명한 거중기를 사용하여 기간을 2년 반으로 줄일 수 있었다.
④ 수원 화성은 조선 시대에 지어졌으며, 1997년에 유네스코 세계문화유산으로 지정되었다.

49 정답 돌아가신

살아계실 때 자주 뵙지 못했다고 하였으므로 '죽다'의 높임말인 '돌아가시다'가 적절하다.

알아두기 ✓

높임말

이름 – 성함	있다 – 계시다/있으시다	죽다 – 돌아가시다
나이 – 연세	먹다/마시다 – 드시다/잡수시다	말하다 – 말씀하시다
생일 – 생신	주다 – 드리다	아프다 – 편찮으시다
집 – 댁	자다 – 주무시다	

50 정답 걸리지 않도록 / 걸리지 않게

한국어 100점 맞기

-지 않다

앞의 행위나 상태를 부정하는 표현
예 지금은 배가 고프지 않아요.

-도록

앞말이 뒷말에 대한 목적이나 결과, 방식, 정도임을 나타내는 연결 어미
예 길이 미끄러우니까 넘어지지 않도록 조심하세요.

-게

앞말이 뒤에서 가리키는 일의 목적이나 결과, 방식, 정도 등이 됨을 나타내는 연결 어미
예 방이 더러운 것 같아서 깨끗하게 청소했어요.

구술시험 (각 5점)

⏱ 시험 시간: 10분

01-02

지난주에 결혼한 친구의 집들이에 초대를 받아 친구 집에 다녀왔다. 나의 친구는 한국 사람인데 대학 수업을 함께 들으면서 친해졌다. 이 친구가 한국어를 가르쳐 준 덕분에 나의 한국어 실력이 많이 늘었다. 친구는 내가 좋아하는 잡채와 불고기, 그리고 다른 한국 음식들을 직접 만들어 주었다. 식사가 끝난 후에는 함께 집을 구경했다. 그리고 따뜻한 차를 자주 마시는 친구를 위하여 찻잔을 집들이 선물로 준비했다. 친구는 선물을 받고 아주 기뻐했다. 친구의 행복한 표정을 보니 나도 기뻤다.

01 위의 글을 소리 내어 읽어 보세요.

※ 너무 빨리 읽거나 너무 천천히 읽지 말고 자연스럽게 또박또박 읽는 연습이 필요합니다.

지난주에 결혼한 친구의 집들이에 초대를 받아 친구 집에 다녀왔다.
[지난주에 결혼한 친구에 집뜨리에 초대를 바다 친구 지베 다녀왇따.]

나의 친구는 한국 사람인데 대학 수업을 함께 들으면서 친해졌다.
[나에 친구는 한국 사라민데 대학 수어블 함께 드르면서 친해젿따.]

이 친구가 한국어를 가르쳐 준 덕분에 나의 한국어 실력이 많이 늘었다.
[이 친구가 한구거를 가르쳐 준 덕뿌네 나에 한구거 실려기 마니 느럳따.]

친구는 내가 좋아하는 잡채와 불고기, 그리고 다른 한국 음식들을 직접 만들어 주었다.
[친구는 내가 조아하는 잡채와 불고기, 그리고 다른 한국 음식뜨를 직쩝 만드러 주얻따.]

식사가 끝난 후에는 함께 집을 구경했다. 그리고 따뜻한 차를 자주 마시는 친구를 위하여 찻잔을 집들이 선물로 준비했다.
[식싸가 끈난 후에는 함께 지블 구경핻따. 그리고 따뜨탄 차를 자주 마시는 친구를 위하여 찯짜늘 집뜨리 선물로 준비핻따.]

친구는 선물을 받고 아주 기뻐했다. 친구의 행복한 표정을 보니 나도 기뻤다.
[친구는 선무를 받꼬 아주 기뻐핻따. 친구에 행보칸 표정을 보니 나도 기뻗따.]

02 친구에게 어떤 선물을 주었습니까? 왜 그 선물을 준비했는지 말해 보세요.

친구가 따뜻한 차를 자주 마셔서 찻잔을 집들이 선물로 준비했습니다.

03 _____ 씨가 친구 집에 방문한다면 어떤 선물을 준비할지 말해 보세요.

친구의 집들이에 초대를 받는다면 저는 디퓨저를 준비할 것입니다. 좋은 향기를 맡으면 기분이 좋아지고, 집안의 공기를 좋은 향기로 바꿀 수 있기 때문입니다. 집안에 좋은 향기가 가득하면 좋겠다는 의미로 디퓨저를 선물하고 싶습니다.

04 사교육비가 증가하는 원인과 이를 해결하기 위한 방법에는 어떤 것이 있는지 말해 보세요.

한국에서는 좋은 대학교를 졸업하면 좋은 직장에 갈 수 있고, 좋은 직장에 가면 높은 연봉을 받을 수 있기 때문에 대학 입시를 중요하게 생각합니다. 그래서 많은 학생이 어릴 때부터 학원이나 과외와 같은 사교육을 받고 있으며, 학생과 학부모의 높은 교육열로 사교육비도 계속 증가하고 있습니다. 사교육비를 줄이기 위해서는 정부가 돌봄 프로그램, 보충학습 등 공교육을 세분화하고, 교육 방송의 확대 등 적극적인 정책을 추진할 필요가 있습니다.

05 _____ 씨는 참여해 보고 싶은 한국의 명절 행사가 있습니까? 어떤 명절 행사에 참여하고 싶은지 말해 보세요.

저는 제가 다니는 센터의 떡국 만들기 행사에 참여하고 싶습니다. 우리 센터에서는 설날이 되면 떡국을 만들고, 윷놀이를 하는 행사를 엽니다. 올해는 아파서 참석하지 못했지만 내년에는 꼭 참석하여 떡국도 직접 만들고, 행사에 참여한 사람들과 이야기도 나눌 수 있으면 좋겠습니다.

제2회 정답 및 해설

빨리 보는 정답

01	02	03	04	05	06	07	08	09	10
①	②	④	④	②	①	④	②	①	②
11	12	13	14	15	16	17	18	19	20
④	④	③	②	②	③	③	③	④	③
21	22	23	24	25	26	27	28	29	30
③	④	③	④	③	②	②	①	④	②
31	32	33	34	35	36	37	38	39	40
④	②	②	②	③	②	④	④	②	①
41	42	43	44	45	46	47	48		
④	①	②	③	①	④	④	③		

49
- 정답: 배송된다고 합니다 / 배송이 된다고 합니다

50
- 정답: 노래도 부를 겸
- 부분 정답: 노래도 할 겸

01 ①

사진 속의 사람들은 거울을 보면서 춤을 추고 있으므로 '춤을 춰요'가 알맞다.

02 ②

출발하는 장소 뒤에는 '에서', 도착하는 장소 뒤에는 '까지'가 알맞다.

한국어 100점 맞기

에서

1) 앞말이 행동이 이루어지고 있는 장소임을 나타내는 조사
   예) 우리는 주말에 영화관에서 만나기로 했다.
2) 앞말이 출발점의 뜻을 나타내는 조사
   예) 한국에서 미국까지 비행기로 얼마나 걸려요?
3) 앞말이 어떤 일의 출처임을 나타내는 조사
   예) 그 사건은 어제 뉴스에서 봤어요.
4) 앞말이 근거의 뜻을 나타내는 조사
   예) 제가 작은 도움이라도 되고 싶은 뜻에서 한 일입니다.
5) 앞말이 비교의 기준점이 되는 조사
   예) 지금 성적에서 조금만 더 오르면 원하는 대학에 갈 수 있을 거야.

03 ④

① 적다(적어요) ↔ 많다(많아요)
② 짧다(짧아요) ↔ 길다(길어요)
③ 좁다(좁아요) ↔ 넓다(넓어요)
④ 가깝다(가까워요) ↔ 멀다(멀어요)

词汇 적다 少　　많다 多　　짧다 短　　길다 长
　　　좁다 窄　　넓다 宽　　가깝다 近　　멀다 远

04 ④

① 무섭다(무서워요)
② 복잡하다(복잡해요) ↔ 한적하다(한적해요)
③ 더럽다(더러워요) ↔ 깨끗하다(깨끗해요)
④ 시끄럽다(시끄러워요) ↔ 조용하다(조용해요)

词汇 무섭다 可怕　　복잡하다 拥挤　　한적하다 寂静　　더럽다 脏
　　　깨끗하다 干净　　시끄럽다 嘈杂, 喧哗, 吵闹　　조용하다 安静

05 ②

'궁금한 것을 물어서 의논하다'라는 뜻으로 '문의' 또는 '질문'을 쓸 수 있다. '출품 지원에 대한 문의가 끊이지 않고 있다.'가 알맞다.

> **词汇** 취소 取消 　　　　　　　　문의 打听
> 　　　　신고 举报 　　　　　　　　문제 问题, 题

06 ①

어떤 것을 '반드시' 해야 한다는 뜻을 나타낼 때는 '꼭, 반드시'와 같은 의무나 의지를 강조하는 말(부사)을 쓴다. 따라서 '황사와 미세 먼지가 많은 봄에는 꼭 마스크를 착용하세요.'가 알맞다.

> **词汇** 꼭 必　　겨우 勉强, 好不容易　　방금 刚刚　　마치 好像

> **한국어 100점 맞기**
>
> 강조의 의미를 나타내는 부사
>
> 1) 꼭
>   예 아무리 바빠도 숙제는 **꼭** 해야 합니다.
> 2) 반드시
>   예 수영을 하기 전에 **반드시** 준비 운동을 하세요.

07 ④

① · ④ 부족하다/모자라다 ↔ 충분하다

② 만족하다 ↔ 불만족하다/불만이 있다/만족스럽지 못하다

③ 저렴하다/싸다 ↔ 비싸다

> **词汇** 부족하다 不足, 缺乏　　모자라다 不够, 不足, 缺乏　　충분하다 充分
> 　　　　만족하다 满足, 满意　　저렴하다/싸다 便宜　　　　　　비싸다 贵

08 ②

① '(짐을) 싣다'는 '차, 배, 비행기 등에 짐을 놓는다'의 의미이다.
③ '옮기다'는 '물건의 위치를 바꾸다'의 의미이다.
④ '포장하다'는 '(물건을) 싸다'와 비슷한 말이다.

词汇	(짐을) 싣다 载运	옮기다 挪	포장하다 打包, 包裹
	(짐을) 싸다 打, 打包	(짐을) 풀다 解开, 打开	

09 ①

'잃어버리다'와 비슷한 말은 '분실하다'이다. 물건을 잃어버렸을 때는 '분실 신고'를 해야 한다.
① 분실 신고: 물건을 잃어버렸다는 것을 관련된 기관에 알리는 것
② 사망 신고: 사람이 죽었다는 것을 관청에 알리는 것
③ 개명 신고: 이름을 바꿨을 때 이를 관청에 알리는 것
④ 전입 신고: 다른 지역으로 이사했을 때 이를 관청에 알리는 것

| 词汇 | 분실 遗失, 丢失 | 사망 死亡 | 개명 改名, 更名 | 전입 迁入 |

10 ②

어떤 단체에 들어가는 것을 '가입'이라고 한다.

| 词汇 | 입학 迁入 | 가입 加入 | 계약 合同 | 조사 调查 |

11 ④

'자기소개서를 쓰다'와 의미가 같은 것은 '자기소개서를 작성하다'이다. 그러므로 '작성하다(작성할 때)'가 알맞다.

词汇	등록 登记	복사 复印
	암기 背诵	작성 编制

> **알아두기** ✓
>
> **같은 뜻, 다른 표현**
> - 작성하다 = 쓰다   예) 신청서를 작성하다 = 신청서를 쓰다
> - 암기하다 = 외우다   예) 단어를 암기하다 = 단어를 외우다

12 ④

문화 센터에서 한국 음식을 '어떻게' 만드는지 배운다는 의미로 알맞은 단어는 '방법'이다.

词汇	적성 素质	규칙 规则
	능력 能力	방법 方法

13 ③

'관계'와 비슷한 의미를 가진 말은 '사이'이다.

词汇	급여 给予	태도 态度
	사이 关系	자리 位置

14 ②

'기르다'와 비슷한 의미를 가진 말은 '키우다'이다.

词汇	맡기다 保管, 寄	키우다 养育
	가꾸다 侍弄	놓다 放下

15 ②

어제 한 일을 묻고 있기 때문에 과거를 의미하는 '관람했어요'가 알맞다.

한국어 100점 맞기

과거형 표현

조건	과거형 표현	예문
기본형의 '-다' 앞의 모음이 'ㅏ, ㅗ'인 경우	-았-	오늘 학교에 가요. → 어제는 학교에 안 갔어요.
기본형의 '-다' 앞의 모음이 'ㅏ, ㅗ'가 아닌 경우	-었-	지금 떡볶이를 먹어요. → 아침에는 빵을 먹었어요.
기본형이 '하다'인 경우	-했-	지금 공부해요. → 어제도 공부했어요.

16 ③

앞의 말을 인정하지만 뒤의 말에는 관계가 없거나 영향을 끼치지 않음을 나타내는 의미로 '-더라도'를 쓰는 것이 알맞다.

17 ③

외국인등록증을 만들 때 준비해야 할 서류를 알려주고 있다. 어떤 행동을 할 의도나 의향이 있음을 표현하는 '-(으)려면'을 쓰는 것이 알맞다.

한국어 100점 맞기

-(으)려면

'어떤 행동이나 의도를 실현하려고 한다면'의 뜻을 나타내는 연결 어미

예 한국 요리를 배우려면 문화 센터에 등록해야 한다.

18 ③

읽는 정도에 따라 감동의 정도도 더 커짐을 나타낼 때는 '–(으)면 –(으)ㄹ수록'을 쓰는 것이 알맞다.

> **한국어 100점 맞기**
>
> **–(으)면 –(으)ㄹ수록**
> 앞의 내용이 계속 진행되면 뒤의 내용의 정도가 더 커진다는 뜻의 표현('–(으)면'은 생략 가능)
> 예) 그 사람을 **만나면 만날수록** 좋아져요.
>   한국에 **살수록** 한국 생활에 적응이 돼요.

19 ④

말하는 사람과 듣는 사람이 모두 알고 있는 내용을 확인하는 표현으로 '–잖아(요)'를 쓰는 것이 알맞다.

> **한국어 100점 맞기**
>
> **–잖아(요)**
> 1) 말하는 사람과 듣는 사람이 모두 알고 있는 이유를 나타내는 표현
>   예) 지금은 영화표가 없을지도 몰라요. **주말이잖아요**.
> 2) 듣는 사람이 잠시 잊고 있었던 것을 확인시켜 줄 때 사용할 수 있는 표현
>   예) 가: 공원에 사람이 정말 많네요.
>   나: 오랜만에 날씨가 **좋잖아요**.

20 ③

나(저)와 레이나 씨가 함께 청소를 하려고 할 일을 정하고 있는 상황이므로 '–(으)ㄹ테니(까)'를 쓰는 것이 알맞다.

> **한국어 100점 맞기**
>
> **−(으)ㄹ 테니(까)**
>
> 1) 뒤에 오는 말에 대한 조건임을 강조하여 앞에 오는 말에 대한 말하는 사람의 의지를 나타내는 표현
>   예) 빨리 **다녀올 테니** 잠깐만 여기에서 기다려 주세요.
> 2) 뒤에 오는 말에 대한 조건임을 강조하여 말하는 사람의 강한 추측을 나타내는 표현
>   예) 이번 시험이 **어려울 테니까** 열심히 공부하세요.

21 ③

주어진 글은 스마트폰의 장점을 중심으로 설명하고 있으므로, 부정적인 내용을 담은 (다)는 글의 흐름과 맞지 않는다.

22 ④

여행을 할 때 계획을 세우지 않고 간다면 그날의 날씨나 상황에 따라 여행지에서 무엇을 구경할지, 무엇을 먹을지, 어떤 교통수단을 이용할지 등 더 자유롭게 선택할 수 있을 것이라는 의미이므로 '여행 계획을 세우지 않는다면 여행지에서 원하는 것을 자유롭게 결정할 수 있다.'가 알맞다.

23 ③

10년 전부터 지금까지 운영한 회사를 의미하므로 '-아/어 오다'를 쓰는 것이 알맞다.
③ 10년 동안 운영해 봤자 회사를 닫게 되었다. (×)
  → 10년 동안 운영해 온 회사를 닫게 되었다. (○)

24 ④

친구들이 방학 때 "함께 바다에 가자(갑시다)."라고 말한 것이므로 '가자고 해요(가재요)'를 쓰는 것이 알맞다.

④ 우리 반 친구들이 방학 때 함께 바다에 <u>가래요</u>. (×)
  → 우리 반 친구들이 방학 때 함께 바다에 <u>가재요</u>. (○)

한국어 100점 맞기

청유문 간접화법

기본 형태	간접화법	간접화법 축약
-(으)ㅂ시다, -자	-자고 하다	엘레나: 같이 영화를 <u>봅시다</u>. 　　　　같이 영화를 <u>보자</u>. → 엘레나 씨가 같이 영화를 <u>보자고 해요</u>. 　엘레나 씨가 같이 영화를 <u>보재요</u>.

25 ③

베트남에 도착하고 나서 곧바로 연락을 달라는 의미를 나타내는 '-(으)ㄴ/는 대로'를 쓰는 것이 알맞다.

한국어 100점 맞기

-(으)ㄴ/는 대로, 명사 + 대로

1) 앞말이 뜻하는 현재(또는 과거)의 행동이나 상황, 모양과 같음을 나타내는 표현
  예 <u>시간표대로</u> 수업이 진행되었다.
2) 행동이나 상황이 나타나는 그 즉시를 나타내는 표현
  예 수업이 <u>끝나는 대로</u> 집으로 오세요.
3) 어떤 행동이나 상황의 구체적인 모습을 나타내는 표현
  예 아이가 <u>달라는 대로</u> 다 주면 어떡해!
4) 할 수 있는 만큼 최대한의 뜻을 나타내는 표현
  예 사람이 많은 곳은 <u>되는 대로</u> 피하고 싶어.

26 ②

잡채가 맛있는 이유에 대해 말하는 것이 자연스럽다. 어떤 것에 대한 이유나 원인, 근거를 나타내는 '-거든(요)'를 쓰는 것이 알맞다.

> **한국어 100점 맞기**
>
> **-거든(요)**
>
> 1) 앞의 내용에 대해 말하는 사람이 생각한 이유, 원인, 근거를 나타내는 표현
>   예 영지가 언제 올 수 있는지 잘 모르겠어. 연락이 아직 안 왔거든.
> 2) 앞으로 이어질 내용의 전제를 이야기하면서 뒤에 이야기가 계속 이어짐을 나타내는 표현
>   예 어제부터 감기약을 먹었거든요. 그런데도 감기가 낫지를 않네요.

27 ②

선생님은 학생에게 높임말을 쓰지 않기 때문에 '물어보다'를 쓰는 것이 알맞다. 만약 학생이 선생님의 성함(이름의 높임말)을 묻는 상황이라면 '(학생이) 선생님께 성함을 여쭈어(여쭤) 보았다.'를 쓰는 것이 알맞다.

② 선생님께서 학생에게 이름을 여쭈어 보았다. (×)
   → (학생이) 선생님께 성함을 여쭈어(여쭤) 보았다. (○)

> **한국어 100점 맞기**
>
> **'묻다'의 높임말 '여쭈다(여쭙다)'**
>
> 윗사람 또는 어른에게 묻다: 여쭈다(여쭙다)
> 예 모르는 것이 있다면 할아버지께 여쭈어(여쭤) 보거라.

28 ①

실제로 그렇지 않은데 어떤 행동이나 상태를 거짓으로 꾸밀 때 '-(으)ㄴ/는 척하다'를 쓸 수 있다. 그러나 이 문장에서는 '넘어지기 직전까지 갔으나 넘어지지는 않았다'라는 뜻의 '-(으)ㄹ 뻔하다'를 쓰는 것이 알맞다.

① 너무 서두르는 바람에 넘어지는 척했다. (×)
　→ 너무 서두르는 바람에 넘어질 뻔했다. (○)

> **한국어 100점 맞기**
>
> **-(으)ㄹ 뻔하다**
>
> 1) 앞의 일이 일어나지는 않았지만 일어나기 직전의 상태까지 갔음을 표현
>   예) 만약 택시를 탔으면 약속 시간에 늦을 뻔했어요.
> 2) 과거의 어떤 상태를 과장하여 나타내는 표현
>   예) 혼자서 짐을 다 옮기느라고 힘들어서 죽을 뻔했어.

29 ④

두 사람 이상이 같이 이용하는 것을 '공유'라고 한다. 따라서 두 사람 이상이 한 집(주택)에서 부엌이나 욕실 등의 공간을 같이 이용하는 주거 형태를 '공유 주택'이라고 한다.

| 词汇 | 월세 月租　　계약 기간 合同期　　공유 共有 |

30 ②

일상생활에서 꼭 알아 두어야 할 법을 말하고 있기 때문에 '필요한'이 알맞다.

| 词汇 | 법 法　　가능하다 可能, 可以　　필요하다 需要
| | 시원하다 凉爽, 凉快　　신중하다 慎重, 谨慎 |

31 ④

주어진 글은 감염병 확산으로 해외여행을 가지 못하자 가까운 곳으로 떠날 수 있는 캠핑의 인기가 높아지면서 텐트와 캠핑 용품의 판매량도 증가하고, 캠핑을 떠나는 사람이 많아졌다는 내용이다. 따라서 '주말이 되면 가까운 곳으로 캠핑을 떠나는 사람이 많아졌다'가 알맞다.

词汇	해외여행 海外旅行	캠핑 露营, 野营
	만끽하다 享受, 满怀	인기 名气, 声誉

32 ②

빈칸 뒤에서 '사전투표는 선거일 5일 전 이틀 동안 실시하며'라는 내용이 있으므로, 사전투표가 선거일에 투표하기가 어려운 사람들을 위한 제도라는 것을 알 수 있다.

词汇	선거 选举	의사 意思, 想法	신분증 身份证	투표 投票, 选票

33 ②

떡국에 들어가는 가래떡은 장수(오래 사는 것)를 상징하고, 떡국을 먹으면 한 살을 더 먹는다는 의미가 있다고 설명하고 있기 때문에, ㉠은 떡국이라는 것을 알 수 있다.

词汇	명절 节日	장수 长寿	썰다 切	끓이다 煮沸, 烧开

34 ②

② 한국 사람들은 설날에 떡국을 먹는다.
① 설날을 친구의 가족들과 보냈다.
③ 설날에 초대를 받아서 친구의 집에 갔다.
④ 지난주 목요일이 설날이었다.

35 ③

③ 한 등산복 회사에서 플로깅 활동을 기획하여 실시했다.
① 플로깅을 하면 건강과 환경을 동시에 지킬 수 있다.
② 플로깅은 천천히 달리면서 주변의 쓰레기를 줍는 환경 보호 운동이다.
④ 다양한 방법으로 환경 보호에 힘쓰는 기업이 많아지고 있다.

36 ②

② SNS 댓글 이벤트에 참여한 사람 중 추첨을 통해 30명에게 커피 기프티콘을 준다.
① 행복구에 사는 주민이라면 이메일을 통해 참가 신청을 할 수 있다.
③ 기념행사에 참석하는 가족 모두에게 소정의 선물을 줄 예정이다.
④ 기념식은 온라인과 오프라인에서 동시에 진행된다.

37 ④

주어진 글은 휴식을 충분히 취하면 집중력과 효율성이 좋아져서 성공할 가능성이 더 높아진다는 내용이다. 따라서 중심 내용은 '충분한 휴식을 통해 업무 효율성을 높일 수 있다.'가 알맞다.

38 ④

K-pop이 인기 있는 이유는 아이돌 스타의 뛰어난 외모 때문이 아니라 꾸준한 노력 때문이라고 했다. 그래서 이 글의 제목으로 '꾸준한 노력으로 얻은 K-pop의 인기'가 알맞다.

39 ②

과거 통일 신라의 수도였고, 불교 문화유산이 있는 도시는 경주다. 경주는 별을 관측하는 첨성대가 있어 과학 기술이 발전한 곳이기도 하다.

40 ①

지역 주민의 건강 증진과 질병 예방을 위해 설치한 공공 의료 기관은 보건소이다.

41 ④

유교 문화의 영향으로, 한국에서는 나이, 지위, 관계 등에 따라 다양한 존댓말을 사용한다. 나이가 많거나 처음 보는 사람에게는 존댓말로 존중을 표현하고, 친한 친구 사이에서는 반말을 사용하여 친근함을 나타낸다.

42 ①

건강을 기원하고 귀신을 쫓는 의미로 동지에는 팥죽을 먹는다.

43 ②

한국의 선거에는 직접 선거, 보통 선거, 평등 선거, 비밀 선거의 4대 원칙이 있다.

> **알아두기** ✓
>
> **선거의 4대 원칙**
> - 직접 선거: 투표권을 가진 사람이 직접 투표해야 한다. 다른 사람이 대신 투표할 수 없다.
> - 보통 선거: 일정한 나이가 되면 학력이나 신분, 성별 등에 관계없이 누구나 투표에 참여할 수 있다. 한국에서는 만 18세 이상이면 투표할 수 있다.
> - 평등 선거: 모든 사람이 똑같이 한 표씩 투표한다.
> - 비밀 선거: 어느 후보나 정당에게 투표했는지 비밀이 보장되어야 한다.

44 ③

ㄱ. 학회: 학문을 깊이 있게 연구하고 발전하기 위해 공부하는 사람들이 만든 모임

ㄷ. 설명회: 관련 주제에 관심 있는 사람들을 모아 정보나 지식을 전달하고, 특정 주제에 대해 설명하기 위해 만든 모임

45 ①

러시아는 과거의 소련으로, 한국전쟁 당시 한국이 아닌 북한을 적극 지원했다.

46 ④

④ 회사에서 해고되었을 때 고용보험으로 일정 기간 금전적 지원을 받을 수 있다.
① 아프거나 질병을 치료할 때 건강보험을 통해 저렴한 비용으로 치료받을 수 있다.
② 국민연금은 나이가 들거나 질병 등으로 소득이 끊겼을 때 받을 수 있다.
③ 일을 하다가 다치면 산업재해보상보험으로 보상을 받을 수 있다.

47 ④

ㄱ. 장례는 일반적으로 3일 동안 진행한다.
ㄴ. 아이가 태어난 지 1년이 되면 돌잔치를 한다.
※ 기제사: 해마다 사람이 죽은 날에 지내는 제사

48 ③

③ 평생교육은 유아부터 노인까지 평생에 걸쳐서 행해지는 교육을 의미한다.
① 평생교육으로 학위 과정이나 자격증(또는 수료증)을 받을 수 있다.
② 평생교육을 받을 수 있는 기관은 언급되지 않았다.
④ 인기 있는 평생교육의 분야로는 실무 기술이나 실용 학문 분야가 있는데 특히 외국어, 상담, 컴퓨터 등의 인기가 많다.

49 　정답　 배송된다고 합니다 / 배송이 된다고 합니다

> **한국어 100점 맞기**
>
> **-ㄴ/는다고 하다**
>
> 다른 사람에게 들은 말을 전달하거나 의견을 나타내는 표현
>
> 예) 민정: 오늘 저녁에 김밥을 먹을 거예요.
> → 민정이가 오늘 저녁에 김밥을 먹는다고 해요.

50 　정답　 노래도 부를 겸

　부분 정답　 노래도 할 겸

> **한국어 100점 맞기**
>
> **-(으)ㄹ 겸 -(으)ㄹ 겸**
>
> 하나의 행동에 둘 이상의 목적을 가지고 있을 때 나타내는 표현
>
> 예) 쇼핑도 할 겸 영화도 볼 겸 시내에 갔다 왔어.

구술시험 (각 5점) 　시험 시간: 10분

01-02

　예전에는 대부분의 직장인이 셔츠를 입고 넥타이를 매고 출근을 했다. 그러나 요즘은 정장과 셔츠, 넥타이가 아닌 편안한 복장으로 근무할 수 있게 되었다. 편안한 복장으로 근무를 하면 사고력과 창의력을 높일 뿐만 아니라 여름에는 시원하게, 겨울에는 따뜻하게 근무할 수 있어 업무의 효율을 높이고 에너지도 절약할 수 있다. 하지만 슬리퍼, 운동복, 찢어진 청바지, 과한 노출이 있는 옷 등 다른 사람에게 불쾌감이나 거부감을 줄 수 있는 복장은 피하는 것이 좋다.

01 위의 글을 소리 내어 읽어 보세요.

※ 너무 빨리 읽거나 너무 천천히 읽지 말고 자연스럽게 또박또박 읽는 연습이 필요합니다.

예전에는 대부분의 직장인이 셔츠를 입고 넥타이를 매고 출근을 했다.
[예저네는 대부부네 직짱이니 셔츠를 입꼬 넥타이를 매고 출그늘 핻따.]

그러나 요즘은 정장과 셔츠, 넥타이가 아닌 편안한 복장으로 근무할 수 있게 되었다.
[그러나 요즈믄 정장과 셔츠, 넥타이가 아닌 펴난한 복짱으로 근무할 수 읻께 되얻따.]

편안한 복장으로 근무를 하면 사고력과 창의력을 높일 뿐만 아니라
[펴난한 복짱으로 근무를 하면 사고력꽈 창이려글 노필 뿐만 아니라]

여름에는 시원하게, 겨울에는 따뜻하게 근무할 수 있어
[여르메는 시원하게, 겨우레는 따뜨타게 근무할 쑤 이써]

업무의 효율을 높이고 에너지도 절약할 수 있다.
[엄무에 효유를 노피고 에너지도 저략칼 수 읻따.]

하지만 슬리퍼, 운동복, 찢어진 청바지, 과한 노출이 있는 옷 등
[하지만 슬리퍼, 운동복, 찌저진 청바지, 과한 노추리 인는 옫 등]

다른 사람에게 불쾌감이나 거부감을 줄 수 있는 복장은 피하는 것이 좋다.
[다른 사라메게 불쾌가미나 거부가믈 줄 쑤 인는 복짱은 피하는 거시 조타.]

02 **자율 복장으로 출근하면 어떤 점이 좋은지 말해 보세요.**

자율 복장으로 일을 하면 몸이 편안하기 때문에 일을 더 잘 할 수 있습니다. 즉 업무 효율이 높아집니다. 그리고 더울 때는 시원하게, 추울 때는 따뜻하게 입을 수 있어서 에너지 절약에도 도움이 됩니다.

03 **_____ 씨는 출근할 때 어떤 옷을 입고 가는 것이 좋다고 생각합니까? 그 이유를 말해 보세요.**

직업에 따라 다르다고 생각합니다. 사무실에서 일을 하는 직업이라면 편안한 복장으로 일하는 것이 좋습니다. 그러나 사람을 많이 만나는 직업이라면 운동복과 슬리퍼 등 가벼운 옷차림은 피하고 깔끔하고 단정하게 입는 것이 좋습니다. 깔끔하고 단정한 옷은 다른 사람에게 좋은 인상을 주기 때문입니다.

04 **_____ 씨는 시간이 있을 때 무엇을 하는지 말해 보세요.**

저는 일주일에 두 번 정도는 헬스장에서 근력 운동을 합니다. 그리고 가끔 구립도서관에 가서 책을 읽습니다. 주로 영어로 적힌 책을 읽고 있는데 한국어를 더 열심히 공부해서 내년에는 한국어로 된 책도 읽고 싶습니다.

05 **한국의 지하철과 _____ 씨 나라의 지하철에는 어떤 차이가 있는지 말해 보세요.**

한국은 지하철이 잘 발달되어 있습니다. 특히 서울에서는 지하철을 타면 내가 가고 싶은 곳을 여기저기 편하게 갈 수 있습니다. 하지만 우리 고향에서는 지하철이 큰 도시에만 있는 특별한 교통수단이라서 사람들이 자주 이용하지는 못합니다. 그리고 서울의 지하철은 버스와 요금이 똑같은 점도 신기합니다. 왜냐하면 우리 고향에서는 지하철 요금이 버스 요금보다 비싸기 때문입니다.

제3회 정답 및 해설

빨리 보는 정답

01	02	03	04	05	06	07	08	09	10
④	③	①	②	②	④	①	①	②	②
11	12	13	14	15	16	17	18	19	20
④	④	④	③	①	③	①	③	③	③
21	22	23	24	25	26	27	28	29	30
③	③	②	①	②	④	①	④	④	④
31	32	33	34	35	36	37	38	39	40
②	②	②	③	④	③	④	①	②	①
41	42	43	44	45	46	47	48		
④	③	④	①	①	①	④	①		

49
정답: 감기에

50
정답: 길이에 따라
부분 정답: 길이로

01 ④

사진 속의 남자는 친구와 만나서 인사를 하고 있으므로 '친구를 만나요'가 알맞다.

02 ③

어떤 행동의 중심이 되는 부분이거나 그 행동이 비롯되는 대상을 나타내기 때문에 '한테' 또는 '에게/께'가 알맞다.

03 ①

① 크다(커요) ↔ 작다(작아요)
② 짧다(짧아요) ↔ 길다(길어요)
③ 낮다(낮아요) ↔ 높다(높아요)
④ 가깝다(가까워요) ↔ 멀다(멀어요)

词汇	크다 大	작다 小	짧다 短	길다 长
	낮다 低	높다 高	가깝다 近	멀다 远

04 ②

① 강하다(강해요) ↔ 약하다(약해요)
② 편하다(편해요) ↔ 불편하다(불편해요)
③ 더럽다(더러워요) ↔ 깨끗하다(깨끗해요)
④ 지루하다(지루해요) ↔ 재미있다(재미있어요)

词汇	강하다 强	약하다 弱	편하다 舒服
	불편하다 不便, 不舒服	더럽다 脏	깨끗하다 干净
	지루하다 无聊	재미있다 有意思	

05 ②

전화를 해서 음식을 준비해 달라고 말하는 것은 '주문'이 알맞다.

词汇	안내 指南, 介绍	주문 订购, 点(菜)	신고 举报
	전달 传递	배달 送货	

06 ④

가까운 미래에 다시 전화를 하겠다는 뜻을 나타내므로 '지금은 바쁘니까 이따가 다시 전화할게요'가 알맞다.

词汇	자주 常常	아까(조금 오래 전) 刚才	방금(아주 짧은 시간 전) 刚刚
	이따가 一会儿		

07 ①

① 서다(서서) ↔ 앉다(앉아서)
② 가다(가서) ↔ 오다(와서)
③ 팔다(팔아서) ↔ 사다(사서)
④ 걷다(걸어서)

词汇	서다 站	앉다 坐	가다 去	오다 来
	팔다 卖	사다 买	걷다 走	

08 ①

① 밝다(밝은) ↔ 어둡다(어두운)
② 넓다(넓은) ↔ 좁다(좁은)
③ 가깝다(가까운) ↔ 멀다(먼)
④ 조용하다(조용한) ↔ 시끄럽다(시끄러운)

词汇	밝다 明朗	어둡다 黑暗	넓다 宽	좁다 窄
	가깝다 近	멀다 远	조용하다 安静	시끄럽다 嘈杂, 喧哗, 吵闹

09 ②

대회나 경기에서 1등을 하는 것을 '우승'이라고 한다. '대회'는 많은 사람이 모이는 모임이나 회의, 여러 사람이 실력이나 기술을 겨루는 행사를 말하므로 대회와 잘 어울리는 '우승'이 알맞다.

词汇	합격 及格	우승 冠军	성공 成功	참석 参加

10 ②

물질이나 행동으로 돕는 것을 '지원'이라고 한다. 주어진 문장에서는 정장을 빌릴 수 있는 돈을 주고 있으므로 '지원하다(지원하고)'가 알맞다.

| 词汇 | 취업 就业 | 정장 正装 | 대여 出租 | 지원 援助, 支援 |

11 ④

어떤 언어를 사용할 때 자연스럽게 잘한다는 뜻으로 '유창하다'가 알맞다.

| 词汇 | 유사하다 相似 | 유리하다 有利 |
| | 유명하다 有名 | 유창하다 流利, 流畅 |

12 ④

광고에서는 보통 판매하려는 제품의 특별한 부분을 소개하거나 설명하므로 제품의 '특징'이 알맞다.

| 词汇 | 조건 条件 | 의견 意见 |
| | 능력 能力 | 특징 特点 |

13 ④

'묻다(물어보다)'와 비슷한 의미를 가진 말은 '문의하다', '질문하다' 등이 있다.

| 词汇 | 항의 抗议 | 고민 苦闷 |
| | 예측 预测 | 문의 问, 咨询 |

14 ③

'훌륭하다'와 비슷한 의미를 가진 말은 '뛰어나다'이다.

| 词汇 | 독특하다 独特 | 참신하다 崭新 |
| | 뛰어나다 出色 | 적절하다 适当 |

15 ①

내일 영화를 함께 볼 수 없는 이유는 대사관에 가기 때문이다. 대사관에 가는 것은 반드시 해야 할 일이기 때문에 '-아/어야 하다'를 쓰는 것이 알맞다.

> **한국어 100점 맞기**
>
> **-아/어야 하다**
>
> 앞으로 해야 할 일에 대한 의무를 나타내는 표현
> 예 나는 비자 기간이 다 되어서 내일 출입국관리사무소에 **가야 한다**.
>   외국에 가기 위해서는 여권을 **만들어야 한다**.

16 ③

밤늦은 시간까지 있었던 이유는 숙제에 너무 집중하여 시간이 밤 11시가 된 줄 몰랐기 때문이므로 '-느라고'를 쓰는 것이 알맞다.

> **한국어 100점 맞기**
>
> **-느라고**
>
> 앞에 오는 말이 뒤에 오는 말의 목적이나 원인이 됨을 나타내는 연결 어미
> 예 어젯밤에 영화를 **보느라고** 잠을 많이 못 잤어요.
>   대사관에 **가느라고** 학교에 못 갔어요.

17 ①

이 옷을 입기 위해서는 살을 빼야 한다는 의미이므로 '-(으)려면'을 쓰는 것이 알맞다.

18 ③

아기가 깨는 것을 걱정하기 때문에 작은 소리로 통화하고 있다. '-(으)ㄹ까 봐'를 쓰는 것이 알맞다.

19 ③

외국인들이 한국에서 잘 생활하는 것을 목적으로 도움을 주고 있다는 뜻이기 때문에 '-도록'을 쓰는 것이 알맞다.

> **한국어 100점 맞기**
>
> **-도록**
>
> 1) 앞에 오는 말이 뒤에 오는 말에 대한 목적이나 결과임을 나타내는 연결 어미
>   예) 이번 시험에 합격할 수 있도록 열심히 공부하고 있습니다.
> 2) 남에게 어떤 행동을 하게 만들거나 물건이 어떤 작동을 하게 만듦을 나타내는 표현
>   예) 학생들이 모두 합격할 수 있도록 열심히 가르치겠습니다.

20 ③

할머니께서 돌아가셔서 제인 씨가 괜찮지 않지만 괜찮은 상태인 것처럼 행동한다는 뜻이기 때문에 '-(으)ㄴ/는 척하다'를 쓰는 것이 알맞다.

> **한국어 100점 맞기**
>
> **-(으)ㄴ/는 척하다**
>
> 앞의 말이 뜻하는 행동이나 상태를 거짓으로 꾸밈을 나타내는 말
> 예) 수업 시간에 게임을 하면서 공부하는 척했어요.
>   너무 피곤한 나머지 남편이 말을 걸어도 무시하고 잠든 척했어.

21 ③

주어진 글은 회사 작업복의 장점에 대해 이야기하고 있으므로, 부정적인 내용을 담은 (다)는 글의 흐름과 맞지 않다.

22 ③

과학 기술이 발전하면서 로봇이 사람의 일을 대신 해 주어 사람들은 더욱 편리한 삶을 살고 있다는 의미이므로 '기술의 개발과 발전은 우리의 삶을 더 편리하게 해 주었다.'가 알맞다.

23 ②

요리를 맛있게 할 수 있었던 이유는 엄마가 가르쳐 주었기 때문이다. 뒤에 나오는 결과가 좋은 결과일 때는 '-(으)ㄴ/는 덕분에'를 쓰는 것이 알맞다.
② 엄마가 가르쳐 주는 바람에 요리를 맛있게 할 수 있었다. (×)
→ 엄마가 가르쳐 준 덕분에 요리를 맛있게 할 수 있었다. (○)
→ 엄마가 가르쳐줘서 요리를 맛있게 할 수 있었다. (○)

> **한국어 100점 맞기**
>
> **-(으)ㄴ/는 덕분에**
>
> 이유를 나타내는 표현(뒤에 좋은 결과가 옴)
> 예) 선생님께서 **도와주신 덕분에** 시험을 잘 봤어요.
>   어머니께서 **알려주신 덕분에** 요리를 잘하게 되었다.

24 ①

어떤 일이 일어날 가능성이 크다는 것을 나타낼 때는 '-기 십상이다'를 쓰는 것이 알맞다.

① 꼼꼼하게 확인하지 않으면 실수할 리가 없다. (×)
→ 꼼꼼하게 확인하지 않으면 실수하기 십상이다. (○)

> **한국어 100점 맞기**
>
> **-기 십상이다**
> 앞의 말이 나타내는 상황이 되기 쉽다거나 그럴 가능성이 크다는 표현
> 예 이렇게 추운 날씨는 감기에 걸리기 십상이지.
>   우물쭈물하다가는 기회를 놓치기 십상이야.

25 ②

아침은 당연히 못 먹고, 점심도 못 먹었다는 의미이기 때문에 '(으)ㄴ/는커녕'을 쓰는 것이 알맞다.

> **한국어 100점 맞기**
>
> **(으)ㄴ/는커녕**
> 앞의 것은 당연히 아니고, 뒤의 것도 아니라는 뜻. 앞의 말을 강조하여 부정하는 뜻을 나타내는 조사
> 예 우리 집에는 에어컨은커녕 선풍기도 없다.
>   나의 오빠는 결혼은커녕 연애도 한번 해 본 적이 없다.

26 ④

지하철을 타지 않은 것에 대한 후회를 나타내고 있다. 어떤 것에 대한 아쉬움이나 후회를 나타낼 때는 '-(으)ㄹ걸 그랬다'를 쓰는 것이 알맞다.

> **한국어 100점 맞기**
>
> **-(으)ㄹ걸 그랬다**
>
> 어떤 일에 대해 가벼운 뉘우침이나 아쉬움을 나타내는 표현
>
> 예 시험 전에 공부를 열심히 할걸 그랬어요.
> 우산을 가지고 올걸 그랬다.

27 ①

어떤 사실이나 상황을 가정할 때 '(만약에) -(ㄴ/는)다면'을 쓰는 것이 알맞다.
① 그 사람과 결혼하느니 나는 너무 행복할 것 같다. (×)
→ (만약에) 그 사람과 결혼한다면 나는 너무 행복할 것 같다. (○)

28 ④

주어가 스스로(직접) 어떤 행위를 할 때는 능동 표현을 쓰고, 주어가 남에게 의하여 어떤 행위를 당했을 때는 피동 표현을 쓴다. 여기에서는 주어인 '나'가 스스로 다른 사람의 발을 밟은 경우이므로 능동 표현을 사용하여 '밟았다'를 쓰는 것이 알맞다.
④ 사람이 많은 지하철에서 실수로 다른 사람의 발을 밟혔다. (×)
→ 사람이 많은 지하철에서 실수로 다른 사람의 발을 밟았다. (○)

29 ④

'파티를 열다' 또는 '파티를 하다'가 알맞다.

词汇 파티를 열다(하다) 开晚会

30 ④

사람들이 가진 여러 문제나 고충, 어려움을 잘 처리한다는 뜻이므로 '해결하다'가 알맞다.

词汇 확인 确认　　검사 检查　　선택 选择　　해결 解决

31 ②

문화재가 많이 남아 있으면 문화재를 통해 역사를 알 수 있다. 경주에는 문화재가 많이 남아 있기 때문에 '역사의 도시'가 알맞다.

词汇 교통(의) 요지 交通重地　　역사 历史　　경제 经济
　　　중심지 中心地区　　주요 主要　　군사 주요 지역 军事重地

32 ②

빈칸에는 예전 회식 문화에 대한 설명이 들어가야 하기 때문에 '늦게까지 술을 마시던'이 알맞다.

词汇 동료 同事话　　문화 활동 文化活动话　　즐기다 享受

33 ②

㉠은 한국인의 특성을 가리키는 말인 '정'과 '흥' 중에서 무슨 일이든 즐겁고 신나게 하는 '흥'을 의미한다. 그 예로 K-pop이나 난타가 있다고 했기 때문이다.

词汇 덤 让分量　　흥 兴致　　정 情谊　　문화 文化

34 ③

③ 하나라도 더 챙겨 주려고 하는 덤 문화가 한국인들의 따뜻한 마음을 나타낸다.
① 덤 문화는 한국인의 정을 보여준다.
② 시장에서는 손님들에게 하나라도 더 주기 위해 덤을 준다.
④ 무엇이든 즐기는 한국인의 모습을 '흥이 많다'고 한다.

35 ④

④ 드론은 많은 일을 할 수 있고 비용과 시간이 적게 든다.
① 드론의 사용 방법은 언급되지 않았다.
② 드론은 다리, 높은 건물, 바다 등 여러 곳에서 이용된다.
③ 드론을 사용할 수 있는 시간은 언급되지 않았다.

36 ③

③ 가격표를 제거하면 환불이 불가능하다.
① 환불은 불가능하지만 교환은 가능하다.
② 바지의 오염 부분은 세탁을 해도 지워지지 않는다.
④ 왕복 택배비는 회사가 부담을 하려고 한다.

37 ④

주어진 글은 캡슐 용기에 의한 환경 오염을 줄이기 위해 일부 회사에서는 캡슐을 직접 가져가 다른 용도로 재활용을 하고 있고, 일부 소비자는 재사용이 가능한 캡슐을 구입하여 캡슐의 환경 오염 문제를 해결하기 위해 노력하고 있다는 내용이다. 따라서 '캡슐의 환경 오염 문제를 해결하기 위해 회사와 소비자들이 노력하고 있다.'가 알맞다.

38 ①

주어진 글은 한국 사람들의 다양한 모임(동창회와 동호회)과 그 모임에서 하는 활동을 소개하고 있다. 따라서 제목으로 '한국 사람들의 모임'이 알맞다.

39 ②

윤봉길은 독립운동가로 일제 강점기 때 상하이 훙커우 공원에서 폭탄을 던진 인물이다.

40 ①

백제는 온조왕이 세웠고, 대조영은 발해를 세웠다.

41 ④

노란색 바탕에 빨간색 테두리는 '조심하세요'라는 의미를 가지고 있다.

42 ③

한국에는 시험을 앞두고 미역국을 먹으면 시험에 떨어진다고 믿는 미신이 있다. 미역이 미끄럽기 때문에 미끄러져서 떨어진다는 생각에서 나온 것이다.

43 ④

서로서로 돕는다는 의미로 '상부상조'가 알맞다.

44 ①

대한민국 국민의 4대 의무는 납세의 의무(②), 교육의 의무(③), 국방의 의무(④), 그리고 '근로의 의무'이다.

45 ①

한국의 의무교육은 초등학교와 중학교까지이다.

46 ①

혼인 신고는 신고인 주소지의 시(구)·읍·면사무소에서 할 수 있으며, 재외국민의 경우 재외국민 가족관계등록사무소에서도 할 수 있다.

47 ④

ㄱ. 소비자가 피해를 구제받기 위해서는 한국소비자원에 피해 구제 신청을 해야 하는데 소비자 상담 센터가 피해 구제 신청을 도와준다.
ㄷ. 소비자 상담 센터에서는 소비자의 고충을 들어주고 피해를 구제받을 수 있도록 도와주는 일을 한다.

48 ①

① 서울은 한국의 수도로 정해진 지 600여 년이 된 만큼, 오랜 역사를 간직하고 있다.
② 서울을 여행하면 한국의 현대적인 모습과 전통적인 모습을 동시에 볼 수 있다.
③ 한옥 마을은 서울 안에 있다.
④ 서울은 현대적인 모습으로 변했지만 역사적인 건물도 많이 남아 있다.

49

정답 감기에

> **알아두기** ✓
>
> **(병) + 에 걸리다**
> '걸리다'는 '병이 들다'의 의미로도 사용됨
> 예) 식중독에 걸려서 출근도 못 했어요.

50

정답 길이에 따라

부분 정답 길이로

하지, 동지, 춘분, 추분은 낮과 밤의 길이로 정해진 것임을 설명하고 있음으로 낮과 밤의 '길이에 따라'가 적절하다.

> **알아두기** ✓
>
> **에 따라**
> 어떤 상황이나 사실, 기준에 근거하여 나타내는 표현
> 예) 가: 범인이 잡혔다면서요?
> 나: 네, 곧 법에 따라 처벌을 받을 거래요.

구술시험 (각 5점) 　시험 시간: 10분

01-02

　　법은 사회 구성원들이 함께 지키기로 한 약속이며 그 나라 국민의 가치관을 반영한다. 그래서 그 나라의 법을 알면 그 나라 사람들의 생각과 정서를 더 쉽게 이해할 수 있다. 그런데 한국에서 살고 있는 외국인들은 가끔 한국의 법을 잘 몰라서 벌금을 내거나 심한 경우 징역형을 선고받기도 한다. 그러므로 더 안전하고 편안한 한국 생활을 위해서는 한국의 법을 어느 정도 알아 두는 것이 좋다.

01 위의 글을 소리 내어 읽어 보세요.

※ 너무 빨리 읽거나 너무 천천히 읽지 말고 자연스럽게 또박또박 읽는 연습이 필요합니다.

법은 사회 구성원들이 함께 지키기로 한 약속이며
[버븐 사회 구성원드리 함께 지키기로 한 약쏘기며]

그 나라 국민의 가치관을 반영한다.
[그 나라 궁미네 가치과늘 바녕한다.]

그래서 그 나라의 법을 알면 그 나라 사람들의 생각과 정서를 더 쉽게 이해할 수 있다.
[그래서 그 나라에 버블 알면 그 나라 사람드레 생각꽈 정서를 더 쉽께 이해할 쑤 읻따.]

그런데 한국에서 살고 있는 외국인들은 가끔 한국의 법을 잘 몰라서 벌금을 내거나
[그런데 한구게서 살고 인는 외구긴드른 가끔 한구게 버블 잘 몰라서 벌그믈 내거나]

심한 경우 징역형을 선고받기도 한다.
[심한 경우 징여켱을 선고받끼도 한다.]

그러므로 더 안전하고 편안한 한국 생활을 위해서는
[그러므로 더 안전하고 펴난한 한국 생화를 위해서는]

한국의 법을 어느 정도 알아 두는 것이 좋다.
[한구게 버블 어느 정도 아라 두는 거시 조타.]

02 **한국의 법을 잘 알고 지켜야 하는 이유를 말해 보세요.**

한국의 법을 알면 한국 사람들이 중요하게 생각하는 가치관과 사고 방식을 알 수 있습니다. 또 법을 알아야 일상생활에서 규칙을 잘 지키고, 실수로 법을 어기는 일을 막을 수 있습니다.

03 **본인 나라와 비교했을 때 한국의 어떤 점(법률)이 불편한지 말해 보세요.**

한국에 와서 쓰레기를 버릴 때 불편했습니다. 우리나라에서는 쓰레기를 분리수거하지 않고 하나의 봉지에 모두 담아 버려도 상관이 없는데, 한국은 쓰레기봉투가 정해져 있고 분리수거를 반드시 해야 합니다. 처음에는 봉투가 너무 비싸기도 하고 나누어 버려야 하는 점 때문에 번거로워 불편하다고 생각했습니다. 그런데 지금은 쓰레기봉투 덕분에 집도 깨끗해지고, 쓰레기를 줄일 수 있는 방법도 생각할 수 있어서 좋습니다.

04 **_____ 씨는 한국어를 배우면 한국에서 어떤 일을 하고 싶습니까? 왜 그 일을 하고 싶은지 말해 보세요.**

저는 한국에서 통역가가 되고 싶습니다. 제가 처음 한국에 왔을 때 한국어를 잘 몰라서 생활할 때 어려웠던 적이 많이 있었습니다. 그래서 아직 한국이 낯선 사람이나 과거 저와 같이 어려움이 있는 사람들을 위해 통역으로 도움을 주고 싶습니다.

05 **한국 경제가 단기간에 급속히 성장하게 된 이유를 말해 보세요.**

한국은 1950년에 한국전쟁을 겪으면서 경제가 완전히 무너졌습니다. 하지만 한국 사람들은 포기하지 않았습니다. 그 위기를 극복하겠다는 의지가 있었습니다. 한국에는 자본과 자원이 없었지만 풍부한 노동력이 있었습니다. 그래서 한국 사람들은 열심히 일하고 공부했습니다. 그 결과, 한국 경제는 짧은 시간에 빠르게 성장할 수 있었습니다.

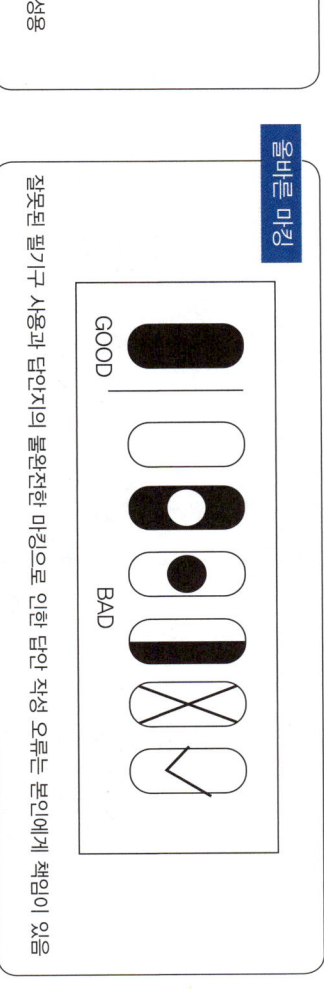

OMR 답안지 작성 요령

감독사항
※ 감독자만 기입하십시오.

감독 서명										
구술항점수	⓪	①	②	③	④	⑤	⑥	⑦	⑧	⑨
구술항점	⓪	①	②	③						
주관식2	⓪	①	②	③	④	⑤				
	⓪	①	②	③	④	⑤				
주관식1	⓪	①	②	③	④	⑤				
	⓪	①	②	③	④	⑤				

평가구분
사회통합프로그램 기본소양 평가답안지 □사전평가 □중간평가 □종합평가

① ■사전평가 (□에 마킹)

시험지 유형
Ⓐ   Ⓑ

④ 응시자의 이름을 반드시 '영문 이름'으로 적는다.

⑤ 시험지 유형에 '본인 시험지 유형' (Ⓐ형 or Ⓑ형)에 마킹한다.

객관식

영문이름									
1	①	②	③	④	11	①	②	③	④
2	①	②	③	④	12	①	②	③	④
3	①	②	③	④	13	①	②	③	④
4	①	②	③	④	14	①	②	③	④
5	①	②	③	④	15	①	②	③	④
6	①	②	③	④	16	①	②	③	④
7	①	②	③	④	17	①	②	③	④
8	①	②	③	④	18	①	②	③	④
9	①	②	③	④	19	①	②	③	④
10	①	②	③	④	20	①	②	③	④
21	①	②	③	④	31	①	②	③	④
22	①	②	③	④	32	①	②	③	④
23	①	②	③	④	33	①	②	③	④
24	①	②	③	④	34	①	②	③	④
25	①	②	③	④	35	①	②	③	④
26	①	②	③	④	36	①	②	③	④
27	①	②	③	④	37	①	②	③	④
28	①	②	③	④	38	①	②	③	④
29	①	②	③	④	39	①	②	③	④
30	①	②	③	④	40	①	②	③	④
41	①	②	③	④					
42	①	②	③	④					
43	①	②	③	④					
44	①	②	③	④					
45	①	②	③	④					
46	①	②	③	④					
47	①	②	③	④					
48	①	②	③	④					

※ 주관식(단답형) 답은 뒷면에 기입하십시오.

외국인등록번호

② 외국인등록증에 표시된 외국인등록번호를 '외국인등록번호'란의 빈칸에 하나씩 적는다.

외국인등록번호							-						
⓪	⓪	⓪	⓪	⓪	⓪	⓪		⓪	⓪	⓪	⓪	⓪	⓪
①	①	①	①	①	①	①		①	①	①	①	①	①
②	②	②	②	②	②	②		②	②	②	②	②	②
③	③	③	③	③	③	③		③	③	③	③	③	③
④	④	④	④	④	④	④		④	④	④	④	④	④
⑤	⑤	⑤	⑤	⑤	⑤	⑤		⑤	⑤	⑤	⑤	⑤	⑤
⑥	⑥	⑥	⑥	⑥	⑥	⑥		⑥	⑥	⑥	⑥	⑥	⑥
⑦	⑦	⑦	⑦	⑦	⑦	⑦		⑦	⑦	⑦	⑦	⑦	⑦
⑧	⑧	⑧	⑧	⑧	⑧	⑧		⑧	⑧	⑧	⑧	⑧	⑧
⑨	⑨	⑨	⑨	⑨	⑨	⑨		⑨	⑨	⑨	⑨	⑨	⑨

③ ②에 기입한 외국인등록번호와 동일한 숫자를 해당 숫자에 마킹한다.

사회통합프로그램 기본소양 평가답안지 □사전평가 □중간평가 □종합평가

외국인등록번호

시험지유형 Ⓐ Ⓑ

※ 주관식(단답형) 답은 뒷면에 기입하십시오.

객관식

주관식 1

주관식 2

※ 감독자만 기입하십시오.
주관식1 / 주관식2 / 구술함계 / 감독서명

※ 이 답안지는 연습용 모의 답안지입니다.

절취선

사회통합프로그램 기본소양 평가답안지 □사전평가 □중간평가 □종합평가

※ 이 답안지는 연습용 모의 답안지입니다.

사회통합프로그램 기본소양 평가답안지 ㅁ사전평가 ㅁ중간평가 ㅁ종합평가

외국인등록번호													
						–							
⓪	⓪	⓪	⓪	⓪	⓪		⓪	⓪	⓪	⓪	⓪	⓪	⓪
①	①	①	①	①	①		①	①	①	①	①	①	①
②	②	②	②	②	②		②	②	②	②	②	②	②
③	③	③	③	③	③		③	③	③	③	③	③	③
④	④	④	④	④	④		④	④	④	④	④	④	④
⑤	⑤	⑤	⑤	⑤	⑤	–	⑤	⑤	⑤	⑤	⑤	⑤	⑤
⑥	⑥	⑥	⑥	⑥	⑥		⑥	⑥	⑥	⑥	⑥	⑥	⑥
⑦	⑦	⑦	⑦	⑦	⑦		⑦	⑦	⑦	⑦	⑦	⑦	⑦
⑧	⑧	⑧	⑧	⑧	⑧		⑧	⑧	⑧	⑧	⑧	⑧	⑧
⑨	⑨	⑨	⑨	⑨	⑨		⑨	⑨	⑨	⑨	⑨	⑨	⑨

※ 주관식(단답형) 답은 뒷면에 기입하십시오.

시험지 유형	영문 이름									
	객관식									
Ⓐ	1	① ② ③ ④	11	① ② ③ ④	21	① ② ③ ④	31	① ② ③ ④	41	① ② ③ ④
	2	① ② ③ ④	12	① ② ③ ④	22	① ② ③ ④	32	① ② ③ ④	42	① ② ③ ④
Ⓑ	3	① ② ③ ④	13	① ② ③ ④	23	① ② ③ ④	33	① ② ③ ④	43	① ② ③ ④
	4	① ② ③ ④	14	① ② ③ ④	24	① ② ③ ④	34	① ② ③ ④	44	① ② ③ ④
	5	① ② ③ ④	15	① ② ③ ④	25	① ② ③ ④	35	① ② ③ ④	45	① ② ③ ④
	6	① ② ③ ④	16	① ② ③ ④	26	① ② ③ ④	36	① ② ③ ④	46	① ② ③ ④
	7	① ② ③ ④	17	① ② ③ ④	27	① ② ③ ④	37	① ② ③ ④	47	① ② ③ ④
	8	① ② ③ ④	18	① ② ③ ④	28	① ② ③ ④	38	① ② ③ ④	48	① ② ③ ④
	9	① ② ③ ④	19	① ② ③ ④	29	① ② ③ ④	39	① ② ③ ④		
	10	① ② ③ ④	20	① ② ③ ④	30	① ② ③ ④	40	① ② ③ ④		

※ 감독자만 기입하십시오.

주관식1		주관식2		구술형점수		감독 서명
⓪	⓪	⓪	⓪	⓪	⓪	
①	①	①	①	①	①	
②	②	②	②	②	②	
③	③	③	③	③	③	
④	④	④	④		④	
⑤	⑤	⑤	⑤		⑤	
					⑥	
					⑦	
					⑧	
					⑨	

주관식 1	주관식 2

절취선

※ 이 답안지는 연습용 모의 답안지입니다.

사회통합프로그램 기본소양 평가답안지 □사전평가 □중간평가 □종합평가

좋은 책을 만드는 길, 독자님과 함께하겠습니다.

2026 시대에듀 사회통합프로그램 사전평가 단기완성

개정5판1쇄 발행	2026년 01월 05일 (인쇄 2025년 07월 25일)
초 판 인 쇄	2021년 05월 03일 (인쇄 2021년 03월 22일)
발 행 인	박영일
책 임 편 집	이해욱
편 저	임준
편 집 진 행	구설희 · 곽주영
표지디자인	조혜령
본문디자인	박지은 · 김휘주
발 행 처	(주)시대고시기획
출 판 등 록	제10-1521호
주 소	서울시 마포구 큰우물로 75 [도화동 538 성지 B/D] 9F
전 화	1600-3600
팩 스	02-701-8823
홈 페 이 지	www.sdedu.co.kr
I S B N	979-11-383-9715-5(13300)
정 가	16,000원

※ 이 책은 저작권법의 보호를 받는 저작물이므로 동영상 제작 및 무단전재와 배포를 금합니다.
※ 잘못된 책은 구입하신 서점에서 바꾸어 드립니다.

70,949
사회통합프로그램 참여자 현황
- 법무부 출입국 통계(2024년 기준)

CBT 모의고사, 이제 선택이 아닌 필수!

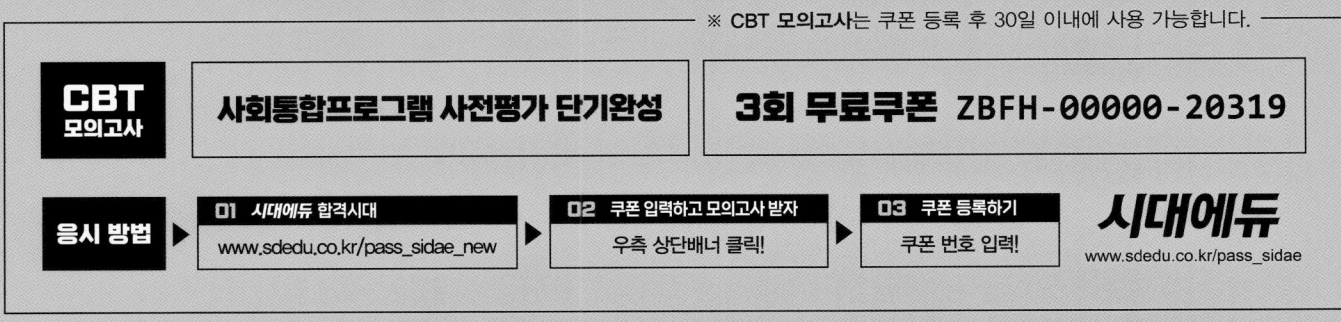

진정한 한국인이 되기 위한
합격의 공식

POINT 1   어휘력 향상을 위한 가장 효율적인 방법

어휘로 기초 다지기 문법으로 실력 다지기

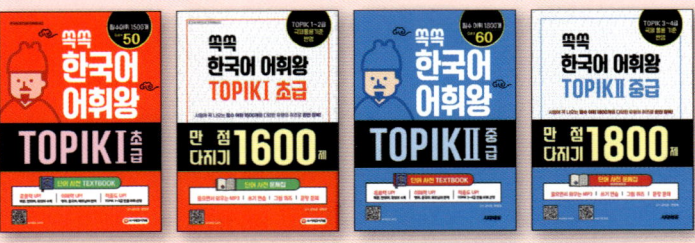

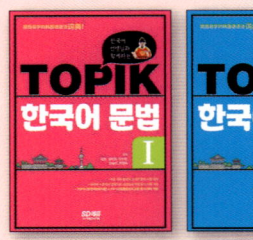

- 체계적으로 익히는
  쏙쏙 한국어 어휘왕 TOPIK Ⅰ·Ⅱ

- 한국어 선생님과 함께하는
  TOPIK 한국어 문법 Ⅰ·Ⅱ

POINT 2   출제 경향에 맞추어 공부하는 똑똑한 학습법

핵심 이론 실전 모의고사 최신 기출문제 수록

- 영역별 무료 동영상 강의로 공부하는
  TOPIK Ⅰ·Ⅱ 한 번에 통과하기, 실전 모의고사, 쓰기, 말하기 표현·읽기 전략·쓰기 유형 마스터, 기출 유형 문제집

- 저자만의 특별한 공식 풀이법으로 공부하는
  TOPIK Ⅰ·Ⅱ 단기완성

검색창에 **시대에듀** 를 검색해 보세요.

당신이 진정한 한국인이 되기까지 항상 함께하겠습니다.

POINT 3   빠른 국적 취득을 위한 남다른 전략

실전 모의고사 ➕ 최신 기출 유형 반영

- 법무부 공인 교재를 완벽 반영한
  사회통합프로그램 사전평가 · 중간평가 · 종합평가 실전 모의고사

- 1단계부터 3단계까지 빠르게 합격하는
  사회통합프로그램 단계평가 1 · 2 · 3 단계별 실전 모의고사

POINT 4   목적에 따라 공부하는 특별한 학습법

핵심 이론 ➕ 실전 모의고사 ➕ 최신 기출 유형 반영

- 법무부 공인 교재를 완벽 반영한
  사회통합프로그램 사전평가 단기완성, 종합평가 한 권으로 끝내기

- 어려운 면접심사 · 구술시험 · 작문시험의 완벽 대비를 위한
  귀화 면접심사&사회통합프로그램 구술시험 기출분석,
  사회통합프로그램 중간평가 · 종합평가 작문시험 완전 정복

※ 도서의 이미지 및 구성은 변경될 수 있습니다.

사각사각 매일 쓰는
한국어 일기 한 조각

지루한 한국어 글쓰기는 이제 그만!

매일 다양한 주제를 읽으며,
선생님의 글쓰기 Tip을 따라 꾸준히,
매일 조금씩 딱 10분만!

배워서 바로 써먹는
찰떡 한국어 시리즈

한국에서의 생존을 위한
필수 회화

재미있는 한국 생활을 위한
꿀잼 회화

한국에서의 자아실현을 위한
맞춤 회화

(출간 예정)

시험 직전까지 외우는
쏙쏙 암기 노트

시험 직전까지 외우는 쏙쏙 암기 노트

시험에 나오는 **핵심만 쏙쏙** 뽑아 정리했어요.
쏙쏙 암기 노트로 마지막 점검까지 **완벽하게!**
더 자세한 내용은 <사전평가 단기완성> 교재를 참고하세요!

★ 어휘
시험에 자주 나오는 어휘예요!

1. 물건
책상, 의자, 책, 필통, 컴퓨터, 시계, 과자, 사과, 창문, 냉장고, 구두, 운동화, 물통, 사진기(카메라), 넥타이, 치마, 바지, 공, 휴지, 컵, 에어컨

2. 장소
학교, 교실, 공항, 운동장, 세탁소, 편의점, 노래방, 미용실, 회사, 카페, 약국, 영화관(극장), 백화점, 병원, 시장, 도서관, 은행, 우체국

3. 교통수단
버스, 지하철, 택시, 기차(KTX, SRT), 비행기, 오토바이, 자전거, 배

4. 단위 명사
개, 권, 명, 살, 벌, 병, 장, 대, 마리, 그릇, 자루, 조각, 켤레, 포기, 송이

5. 동사
① 먹다, 마시다, 입다, 사다/팔다, 자다, 걷다, 만나다, 씻다, 듣다, 보다, 읽다, 쓰다, 배우다, 가르치다, 기다리다, 일어나다(잠에서 깨다)

② 운동하다, 청소하다, 요리하다, 공부하다, 노래하다(노래 부르다), 게임하다, 목욕하다(샤워하다), 이야기하다(말하다), 전화하다

★6. 형용사

반대되는 말을 같이 공부하세요!

크다 ↔ 작다	싸다 ↔ 비싸다
많다 ↔ 적다	좋다 ↔ 나쁘다
높다 ↔ 낮다	무겁다 ↔ 가볍다
넓다 ↔ 좁다	재미있다 ↔ 재미없다
길다 ↔ 짧다	더럽다 ↔ 깨끗하다
덥다 ↔ 춥다	뜨겁다 ↔ 차갑다
조용하다 ↔ 시끄럽다	어둡다 ↔ 밝다
멀다 ↔ 가깝다	두껍다 ↔ 얇다
어렵다 ↔ 쉽다	맛있다 ↔ 맛없다

7. 부사(접속사)

그리고	어제 지윤이에게 선물을 받았다. 그리고 화영이와 맛있는 저녁을 먹었다.
그러나	어제는 휴일이었어요. 그러나 저는 회사에 가서 일을 했어요.
그래서	저녁을 만들기 위해 냉장고를 열었지만 텅 비어 있었다. 그래서 장을 보러 마트에 갔다.
그런데	동생은 벌써 숙제를 끝냈어요. 그런데 저는 아직 숙제가 많이 남았어요.
그러면	두드려라. 그러면 열릴 것이다.
그렇지만	열심히 공부했어요. 그렇지만 시험에 떨어지고 말았어요.

왜냐하면	오늘 출근을 못했어요. <u>왜냐하면</u> 아침부터 몸이 너무 아팠기 때문이에요.
만약	<u>만약</u> 내일 비가 온다면 나는 나가지 않을 거야.

조사

1. 이/가 vs 은/는

① 이/가: 앞에 말하는 것이 중요. 처음 나오는 말에 씀
② 은/는: 뒤에 말하는 것이 중요. 이미 앞에서 나온 적이 있는 말에 씀

> 옛날 어느 마을에 <u>선비가</u> 살았어요. 그 <u>선비는</u> 아주 착했습니다. <u>선비는</u> 가난했지만 어려운 사람들을 도와주었습니다.

2. 에 vs 에서

① 장소 + 에: '가다, 오다, 다니다', '있다, 없다' 등의 동사가 붙음

> 학교에 가다 / 집에 오다 / 회사에 다니다 / 교실에 책상이 없다

② 장소 + 에서: '가다, 오다, 다니다', '있다, 없다'가 아닌 다른 동사가 붙음

> 학교에서 공부하다 / 집에서 쉬다 / 침대에서 자다

헷갈리거나 자주 틀리는 내용을 쏙쏙 암기 노트에 적어 나만의 핵심 요약집을 완성해 보세요!

★ 관형사

> ㄹ 받침이 있는 동사, 형용사의 변화는 시험에 자주 나와요!

1. 동사 + 명사

시제 받침	과거	현재	미래
받침 O	동사 + -은 + 명사 예 어제 먹은 음식	동사 + -는 + 명사 예 지금 먹는 음식	동사 + -을 + 명사 예 내일 먹을 음식
받침 X	동사 + -ㄴ + 명사 예 어제 노래한 사람	동사 + -는 + 명사 예 지금 노래하는 사람	동사 + -ㄹ + 명사 예 내일 노래할 사람
★받침 ㄹ	동사의 ㄹ 탈락(없어짐) + -ㄴ + 명사 예 어제 만든 음식	동사의 ㄹ 탈락(없어짐) + -는 + 명사 예 지금 만드는 음식	동사의 ㄹ 탈락(없어짐) + -ㄹ + 명사 예 내일 만들 음식

2. 형용사 + 명사

받침 O	형용사 + -은 + 명사 예 작은 가방 / 높은 산
받침 X	형용사 + -ㄴ + 명사 예 예쁜 옷 / 깨끗한 방
받침 ㅂ	(형용사의 ㅂ → -우-) + -ㄴ + 명사 예 아름다운 바다 / 더운 날씨
★받침 ㄹ	형용사의 ㄹ 탈락(없어짐) + -ㄴ + 명사 예 먼 나라 / 긴 머리

연결 표현

1. **AND**: 앞말과 뒷말이 서로 같은 내용으로 연결

-고	그 사람은 한국어도 <u>잘하고</u> 일본어도 잘해요.
-(으)ㄴ/는데다가	그 식당은 음식이 <u>맛있는 데다가</u> 친절해요.
-(으)ㄹ뿐(만) 아니라	철수는 성격이 <u>좋을 뿐(만) 아니라</u> 잘생겼어요.
은/는 물론이고	그 가수는 노래를 잘하는 <u>것은 물론이고</u> 춤도 잘 춰요.
은/는 말할 것도 없고	그 배우는 <u>연기는 말할 것도 없고</u> 노래도 잘합니다.

2. **BUT**: 앞말과 뒷말이 서로 다른 내용으로 연결되거나 앞말에서 기대할 수 있는 것과 다른 결과를 뒷말에 쓸 때 쓰는 표현

-지만	나는 키가 <u>크지만</u> 동생은 키가 작아요.
-(으)ㄴ/는데	제 아내는 드라마는 <u>좋아하는데</u> 영화는 안 좋아해요.
-(으)나	공부를 열심히 <u>했으나</u> 시험 결과는 좋지 않았다.

3. **THOUGH**: 앞말을 가정하거나 인정하지만 앞말이 뒷말에 영향을 주지 못함을 나타냄

-아/어도	아무리 운동을 <u>해도</u> 살이 빠지지 않아요.
-더라도	<u>바쁘시더라도</u> 꼭 숙제를 해야 합니다.
-(으)ㄴ/는데도	날씨가 <u>추운데도</u> 공원에 사람이 많다.

4. IF: 앞말이 뒷말의 가정이나 조건이 됨을 나타냄

-(으)면	이번 주말에 날씨가 좋으면 공원에서 산책할 거예요.
-(ㄴ/는)다면	만약에 복권에 당첨된다면 세계 여행을 할 거예요.

5. FOR: 앞말이 뒷말의 목적이라는 것을 나타냄

-기 위해(서)	친구에게 주기 위해서 케이크를 만들었어요.
-(으)려고	엄마에게 주려고 예쁜 옷을 샀어요.
-(으)러 * '가다, 오다, 다니다'에 주로 사용	저는 한국어를 배우러 센터에 갑니다.

★6. BECAUSE: 앞말이 뒷말의 이유라는 것을 나타냄

→ 이유 표현은 자주 나와요!

-아/어서	날씨가 추워서 따뜻한 옷을 입었어요.
-(으)니까	차가 막히니까 지하철을 타세요.
-기 때문에	이 영화는 아이돌이 나오기 때문에 인기가 많아요.
-느라고	어젯밤에 영화를 보느라고 잠을 못 잤다.
(으)로 인해(서)	어제 온 눈으로 인해 교통사고가 발생했다.

간접화법

- **간접화법**: 다른 사람이 말한 것을 전달하는 표현

1. 평서문

시제		표현	예문
동사	현재	-ㄴ/는다고 하다	메이 씨가 한국어를 배운다고 했어요.
	과거	-았/었다고 하다	메이 씨가 한국어를 배웠다고 했어요.
	미래	-(으)ㄹ 거라고 하다	메이 씨가 한국어를 배울 거라고 했어요.
형용사	현재	-다고 하다	민수 씨가 명동에 사람이 많다고 했어요.
	과거	-았/었다고 하다	민수 씨가 명동에 사람이 많았다고 했어요.

2. 명사 + 이다

시제	표현	예문
현재	-(이)라고 하다	티엔 씨가 (자기는) 베트남 사람이라고 했어요.
과거	-이었/였다고 하다	티엔 씨가 (자기는) 의사였다고 했어요.

3. 의문문

시제	표현	예문
현재	-냐고 하다	지민 씨가 어디에 가냐고 했어요.
과거	-았/었냐고 하다	지민 씨가 밥(을) 먹었냐고 했어요.

4. 청유문

기본 형태	표현	예문
−(으)ㅂ시다 −자	−자고 하다	엘레나 씨가 같이 영화를 보자고 했어요.

5. 명령문

기본 형태	표현	예문
−(으)세요 −아/어라	−(으)라고 하다	엘레나 씨가 자기 집에 오라고 했어요.

헷갈리거나 자주 틀리는 내용을 쏙쏙 암기 노트에 적어 나만의 핵심 요약집을 완성해 보세요!

피동 표현

- **피동 표현:** 주어가 남의 행동을 입어서 행하여지는 동작을 나타내는 표현

-이-		-히-	
보다	보이다	닫다	닫히다
쓰다	쓰이다	잡다	잡히다
놓다	놓이다	먹다	먹히다
쌓다	쌓이다	꽂다	꽂히다
바꾸다	바뀌다	뽑다	뽑히다
-리-		-기-	
듣다	들리다	끊다	끊기다
팔다	팔리다	안다	안기다
열다	열리다	쫓다	쫓기다
걸다	걸리다	빼앗다	빼앗기다
풀다	풀리다	잠그다	잠기다
찌르다	찔리다	감다	감기다

햇갈리거나 자주 틀리는 내용을 쏙쏙 암기 노트에 적어 나만의 핵심 요약집을 완성해 보세요!

사동 표현

- **사동 표현:** 문장의 주체가 자기 스스로 행하지 않고 남에게 그 행동이나 동작을 하게 함을 나타내는 표현

−이−		−히−		−리−	
먹다	먹이다	읽다	읽히다	알다	알리다
죽다	죽이다	입다	입히다	울다	울리다
끓다	끓이다	앉다	앉히다	살다	살리다
보다	보이다	눕다	눕히다	놀다	놀리다
속다	속이다	맞다	맞히다	돌다	돌리다

−기−		−우−		−추−	
벗다	벗기다	자다	재우다	늦다	늦추다
신다	신기다	서다	세우다	낮다	낮추다
씻다	씻기다	타다	태우다	맞다	맞추다
감다	감기다	쓰다	씌우다		
웃다	웃기다	깨다	깨우다		
맡다	맡기다	크다	키우다		
남다	남기다	피다	피우다		

★ 한국의 상징

시험에 자주 나와요!

1. **한국의 정식 명칭:** 대한민국(大韓民國, Republic of Korea)
2. **국기:** 태극기(4괘, 건곤감리)
3. **국화:** 무궁화
4. **국가:** 애국가
5. **문자:** 한글

태극기

가족 관계와 호칭어

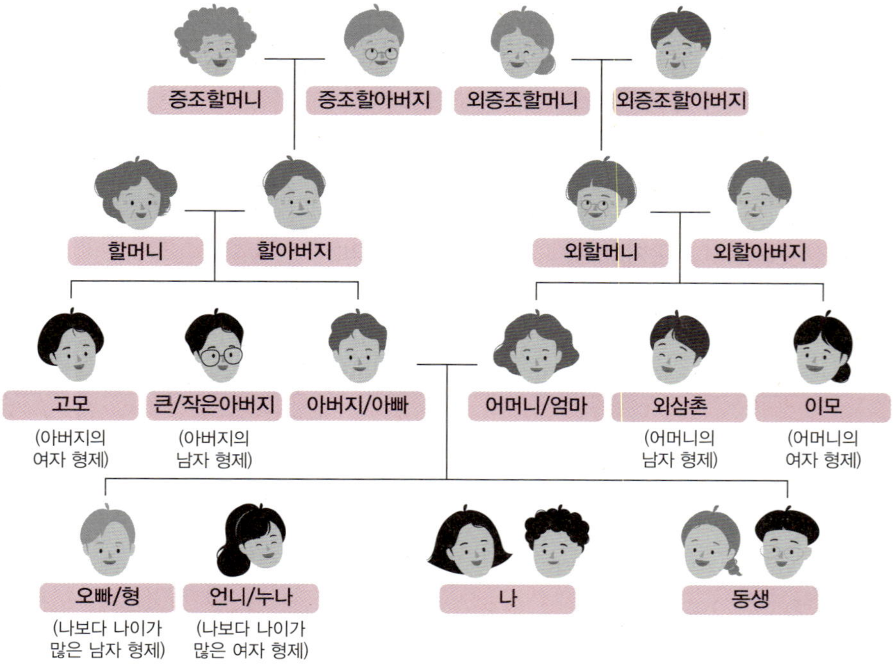

- 증조할머니 — 증조할아버지
- 외증조할머니 — 외증조할아버지
- 할머니 — 할아버지
- 외할머니 — 외할아버지
- 고모 (아버지의 여자 형제)
- 큰/작은아버지 (아버지의 남자 형제)
- 아버지/아빠
- 어머니/엄마
- 외삼촌 (어머니의 남자 형제)
- 이모 (어머니의 여자 형제)
- 오빠/형 (나보다 나이가 많은 남자 형제)
- 언니/누나 (나보다 나이가 많은 여자 형제)
- 나
- 동생

• **한국의 가족 형태:** 확대가족 형태(과거) → 핵가족 형태(현재)

한국의 주거

1. 요즘 한국 사람들은 아파트에 사는 것을 선호하는 편임
2. 옛날에는 단독 주택이 많았지만 지금은 공동 주택(빌라, 아파트)이 더 많음
3. 거주 형태로는 자가, 전세, 월세, 반전세 등이 있음

도시와 농촌

1. **도시:** 주요 정부 기관, 기업(회사)이 있고, 편의 시설이 많아서 생활하기 편리함. 사람이 많아 주택 문제, 교통 문제, 환경 오염 문제 등이 발생함
2. **농촌:** 산업화로 노동력 부족, 교통 불편, 편의 시설 부족 등의 문제가 있음

한국의 복지

1. **사회 보험(4대 보험):** 모든 국민을 위한 복지 시스템
    ① 건강보험
    ② 고용보험
    ③ 국민연금
    ④ 산업재해보상보험

2. **공공부조:** 생활이 어려운 저소득층을 위한 제도

3. **외국인과 다문화 가족 지원 기관**
    ① 외국인종합안내센터: 출입국 행정 등의 업무를 맡는 법무부의 기관
    ② 다누리콜센터: 다문화 가족과 여성 결혼 이민자에게 필요한 생활 정보 제공

의료 기관

1. **약국:** 몸에 바르거나 먹는 약을 파는 곳. 진통제, 감기약, 소화제 등은 편의점에서도 구입 가능
2. **보건소:** 국민의 건강을 지키기 위해 전국의 각 시·군·구에 설치한 공공 의료 기관
3. **처방전:** 의사가 아픈 사람에게 어떤 약을 먹으면 되는지 알려주는 종이
4. **예방 접종:** 전염성 질환을 예방하기 위하여 주사를 놓는 것

출산과 보육

1. **국민행복카드**
   ① 임산부의 건강 관리와 출산에 필요한 비용의 일부를 지원
   ② 영유아의 교육비, 학비 지원
2. **어린이집:** 0세부터 만 5세(초등학교 입학 전)까지의 영유아를 위한 보육 기관
3. **유치원:** 만 3세부터 만 5세까지의 유아 교육을 담당하는 교육 기관

한국의 교육

1. **초등학교:** 의무교육. 만 6세(한국 나이 8세)에 입학. 6년 과정
2. **중학교:** 의무교육. 3년 과정
3. **고등학교:** 의무교육 아님. 3년 과정

전통 의식주

1. **한복:** 한국의 전통 옷

2. **김치:** 대표적인 한국 음식

3. **한옥:** 한국의 전통 집. 지붕의 재료에 따라 기와집과 초가집으로 나눔

4. **온돌:** 한옥의 난방 시설

5. **대청마루:** 여름을 시원하게 보내기 위한 공간

헷갈리거나 자주 틀리는 내용을 쏙쏙 암기 노트에 적어 나만의 핵심 요약집을 완성해 보세요!

명절과 국경일

1. 한국의 대표적인 명절

구분	설날	추석/한가위
날짜	음력 1월 1일	음력 8월 15일
의미	한 해를 시작하는 첫날	곡식을 수확하고 조상께 감사하는 날
음식	떡국	송편
풍습	세배(세뱃돈), 차례, 설빔(새 옷), 성묘	차례, 성묘, 벌초
놀이	윷놀이, 연날리기, 제기차기	달맞이, 강강술래

2. 그 밖의 명절

구분	날짜	의미
단오	음력 5월 5일	- 모내기를 끝내고 풍년을 기원함 - 그네뛰기, 씨름
동지	양력 12월 20일경	- 1년 중 밤이 가장 긴 날 - 팥죽(동지죽, 동지팥죽)
한식	동지 후 105일째 되는 날	- 불을 사용하지 않음 - 찬 음식을 먹음
정월 대보름	음력 1월 15일	- 1년 중 첫 보름 - 부럼 깨기 - 오곡밥

3. 한국의 국경일, 기념일

> 삼일절, 제헌절, 광복절, 개천절, 한글날은 국경일이에요!

구분	날짜	의미
3·1절 (삼일절)	3월 1일	- 일본으로부터의 독립을 위해 모든 국민이 '대한 독립 만세'를 외친 날 - 국기 게양
식목일	4월 5일	환경 보호를 위해 나무를 심는 날
성년의 날	5월 셋째 주 월요일	성년(만 19세)이 된 것을 기념하는 날
어린이날	5월 5일	어린이를 소중히 여기는 마음을 갖기 위한 날
어버이날	5월 8일	부모님께 감사한 마음을 전하는 날
스승의 날	5월 15일	선생님께 감사한 마음을 전하는 날
★현충일	6월 6일	- 나라를 위해 싸우다가 죽은 사람들을 추모하는 날 - 조기 게양
제헌절	7월 17일	- 대한민국 헌법을 제정하고 공포한 날 - 국기 게양
광복절	8월 15일	- 일본으로부터 독립하고 나라의 주권을 다시 찾은 날 - 국기 게양
국군의 날	10월 1일	- 국군의 사기 증진, 국민의 국방 의식을 높이는 날 - 국기 게양
개천절	10월 3일	- 한반도에 처음으로 나라가 세워진 것을 기념하는 날 - 국기 게양
한글날	10월 9일	- 한글이 만들어진 것(창제된 것)을 기념하는 날 - 국기 게양

한국의 의례

1. **결혼식**: 두 사람이 부부가 되는 의례
2. **장례식**: 사람이 죽었을 때 떠나 보내는 의례
3. **제사**: 조상을 추모하는 의례
4. **돌잔치**: 첫 번째 생일을 축하하는 잔치
5. **환갑(회갑)**: 61번째 생일

한국의 대중문화

1. **노래**: 트로트, 발라드, 힙합, R&B 등 다양한 장르의 노래가 있음
2. **드라마**: 아침 연속극, 일일 연속극, 미니시리즈(월화/수목), 주말 연속극 등 다양한 드라마가 있음
3. **스포츠**: 야구, 축구가 특히 인기 있음
4. **한류**: 1990년대 말부터 아시아를 시작으로 전 세계에 퍼져 나간 한국 대중문화 열풍으로, 특히 K-drama와 K-pop의 인기가 아주 높음

헷갈리거나 자주 틀리는 내용을 쏙쏙 암기 노트에 적어 나만의 핵심 요약집을 완성해 보세요!

한국의 종교

1. **불교:** 한국에서 가장 오래된 외래 종교(외국에서 들어온 종교)로 많은 문화유산(절, 탑, 불상 등)을 남김
2. **유교:** 유교 사상(효, 예절)은 지금도 한국 문화에 많은 영향을 주고 있음
3. **기독교:** 19세기 서양의 선교사에 의해 전파되어 여러 면에서 한국 근대화에 영향을 줌
4. 불교의 석가탄신일(부처님 오신 날, 음력 4월 8일), 기독교의 성탄절(크리스마스, 양력 12월 25일)은 한국에서 공휴일로 지정되어 있음

전통 가치와 연고

1. **효:** 부모를 공경하는 마음인 효를 중시
2. **예절:** 유교의 영향을 받아 예절을 중시
3. **상부상조:** 서로를 돕는 문화
4. **공동체:** '우리'라는 표현을 많이 사용함
5. **연고:** 서로 공통점을 연결 고리로 맺어지는 관계
   ① **혈연:** 가족이나 친척 관계로 맺어진 관계
   ② **지연:** 같은 출신 지역으로 맺어진 관계
   ③ **학연:** 같은 출신 학교로 맺어진 관계

헷갈리거나 자주 틀리는 내용을 쏙쏙 암기 노트에 적어 나만의 핵심 요약집을 완성해 보세요!

한국의 정치와 민주주의

1. **삼권분립(권력분립)**
   ① 행정부(정부): 대통령을 중심으로 법을 집행하여 나라를 운영함
   ② 입법부(국회): 국민 생활에 필요한 법을 만듦
   ③ 사법부(법원): 법을 적용하여 분쟁을 해결함

2. **한국 민주주의 역사의 주요 사건**: 4·19 혁명, 5·18 민주화 운동, 6월 민주 항쟁 등

한국의 선거

1. **선거의 4대 원칙**
   ① 보통 선거: 만 18세 이상의 모든 국민이 투표에 참여할 수 있음
   ② 평등 선거: 누구나 한 표씩 투표할 수 있음
   ③ 직접 선거: 다른 사람이 대신할 수 없고, 자신이 직접 투표해야 함
   ④ 비밀 선거: 다른 사람에게 내가 지지하는 정당, 후보를 비밀로 할 수 있음

2. **선거의 종류**
   ① 대통령 선거(대선): 5년에 한 번 실시. 대통령은 중임이 허용되지 않음
   ② 국회의원 총선거(총선): 4년에 한 번 실시. 국회의원은 연임 가능
   ③ 지방선거: 4년에 한 번 실시. 지방자치단체장·지방의회의원·교육감을 선출. 영주권을 받은 지 3년이 지난 외국인들도 참여 가능

헷갈리거나 자주 틀리는 내용을 쏙쏙 암기 노트에 적어 나만의 핵심 요약집을 완성해 보세요!

한국의 국제 관계

1. **남북 관계**
    ① **남북 분단**: 1945년 일본으로부터 독립한 뒤, 한국은 남한과 북한으로 분단되었음
    ② **한국전쟁(6·25 전쟁)**: 1950년 6월 25일부터 3년 동안 이어진 남한과 북한의 전쟁

2. **주변 국가와의 관계**
    ① **중국**: 오래전부터 한국에 많은 영향을 줌. 현재 한국 최대 교역국
    ② **일본**: 역사적인 문제로 아직 갈등이 남아 있으나 여러 면에서 활발히 교류 중
    ③ **미국**: 남한의 우방 국가. 여러 면에서 긴밀한 관계 유지 중

한국의 경제 성장

1. **한강의 기적**: 1950년 한국전쟁으로 침체된 경제를 아주 빠른 시간에 성장·발전시킨 것

2. **한국 경제 성장의 이유**: 한국인의 노력과 의지, 높은 교육열

3. **한국의 산업 구조**: 제조업과 서비스업이 주축을 이루는 구조

헷갈리거나 자주 틀리는 내용을 쏙쏙 암기 노트에 적어 나만의 핵심 요약집을 완성해 보세요!

한국의 금융기관

1. **금융기관의 종류:** 시중은행, 지방은행, 농협, 수협, 우체국, 저축은행, 증권회사, 보험회사 등
2. **금융실명제:** 1993년부터 실시된 제도. 모든 금융 거래를 본인의 이름으로 해야 함
3. **예금자 보호 제도:** 금융기관에 돈을 맡긴 사람들을 보호하기 위한 제도. 금융기관별로 원금과 이자를 합쳐 최대 5천만 원까지 보장받을 수 있음

외국인의 권리와 의무

1. **여권과 비자:** 외국인이 한국에 입국하기 위해서는 여권과 비자가 꼭 필요함
2. **외국인 등록:** 90일을 초과하여 한국에 체류한다면 반드시 외국인 등록을 해야 함. 체류지를 바꿀 경우(이사를 했을 경우)에는 전입일로부터 15일 이내에 체류지 변경 신고를 해야 함
3. **출입국 관리법:** 대한민국에 체류하고 있는 외국인을 대상으로 하는 특별한 법률
4. **재한 외국인 처우 기본법:** 대한민국에 체류하고 있는 외국인이 한국 사회에 적응하여 개인의 능력을 발휘하고, 서로 이해하고 존중하는 사회를 만들기 위한 목적으로 제정된 법률

헷갈리거나 자주 틀리는 내용을 쏙쏙 암기 노트에 적어 나만의 핵심 요약집을 완성해 보세요!

한국의 생활 법률

1. **재산 관련 법률**
    ① **등기부 등본**: 부동산에 대한 권리, 거래 관계 등이 기록된 서류. 부동산 거래를 할 때 반드시 확인해야 함
    ② 돈을 주고받을 때는 계약서, 돈을 빌려줄 때는 차용증을 작성하는 것이 좋음

2. **결혼과 이혼 관련 법률**
    ① **결혼**: 한국에서는 만 18세가 되면 결혼할 수 있음
    ② **이혼**: 이혼을 하려면 가정법원에 가서 확인을 받아야 함

3. **가족관계등록제도**
    ① **출생 신고**: 아이가 태어나면 행정복지센터(주민센터), 구청, 시청, 군청, 인터넷(정부24) 등에 아이가 태어났음을 신고하는 제도
    ② **혼인 신고**: 법적인 부부로 인정받고 법의 보호를 받기 위해서 시청, 구청, 군청 등에서 신고하는 제도
    ③ **사망 신고**: 사람이 죽은 것을 시청, 구청, 군청 등에 신고하는 제도

한국의 역사: 고조선~통일 신라

1. **고조선**: 기원전 2333년 단군왕검이 세운 한국 최초의 국가

2. **삼국 시대**
    ① **신라**: 박혁거세가 건국, 문무왕이 삼국을 통일
    ② **고구려**: 주몽이 건국, 광개토대왕은 영토를 크게 확장했음
    ③ **백제**: 온조가 건국, 백제 문화가 일본에 많은 영향을 줌

3. **남북국 시대**: 신라가 삼국을 통일한 이후 남쪽에는 통일 신라, 북쪽에는 발해가 있었다.

한국의 역사: 고려~조선

1. **고려**: 통일 신라가 멸망한 후에 왕건이 후삼국을 통일하고 건국
   ① 외국과 활발히 교역함
   ② 대표적인 유물: 고려청자, 팔만대장경, 직지심체요절(세계 최초 금속 활자본)

2. **조선**: 고려 멸망 후 이성계가 건국
   ① 수도를 한양(지금의 서울)으로 옮김
   ② 유교 이념을 바탕으로 한 신분 사회 국가
   ③ 세종대왕: 한글 창제, 과학 기구 발명(자격루, 앙부일구, 혼천의 등)

한국의 역사: 개화기~근대

1. **개화기**: 19세기 말, 한국(조선)과 교류하고자 했던 흥선대원군이 이를 거절하고 쇄국 정책을 펼쳐 프랑스(1866년), 미국(1871년)이 조선을 침략함

2. **일제 강점기**: 1910년 한국(대한제국)이 일본에게 주권을 빼앗김. 35년 동안 일본이 한국의 주권을 빼앗아 지배했고, 한국 사람들은 끊임없이 독립운동을 했음

헷갈리거나 자주 틀리는 내용을 쏙쏙 암기 노트에 적어 나만의 핵심 요약집을 완성해 보세요!

한국의 역사적 인물

1. **나라를 구한 위인:** 을지문덕 장군(고구려), 서희 장군(고려), 강감찬 장군(고려), 이순신 장군(조선)

2. **한국의 여성 위인:** 유관순(3·1 운동 주도), 허난설헌(조선 시대 문인), 김만덕(조선 시대 사회활동가), 선덕여왕(신라 제27대 왕)

3. **독립운동가:** 유관순, 김구, 윤봉길, 안창호 등

4. **화폐 속 위인**
   ① 이순신: 100원 동전에 그려진 장군. 임진왜란에서 활약
   ② 퇴계 이황: 1,000원권 지폐에 그려진 학자
   ③ 율곡 이이: 5,000원권 지폐에 그려진 학자. 십만양병설을 주장
   ④ 세종대왕: 10,000원권 지폐에 그려진 왕. 한글 창제
   ⑤ 신사임당: 50,000원권 지폐에 그려진 예술가. 율곡 이이의 어머니

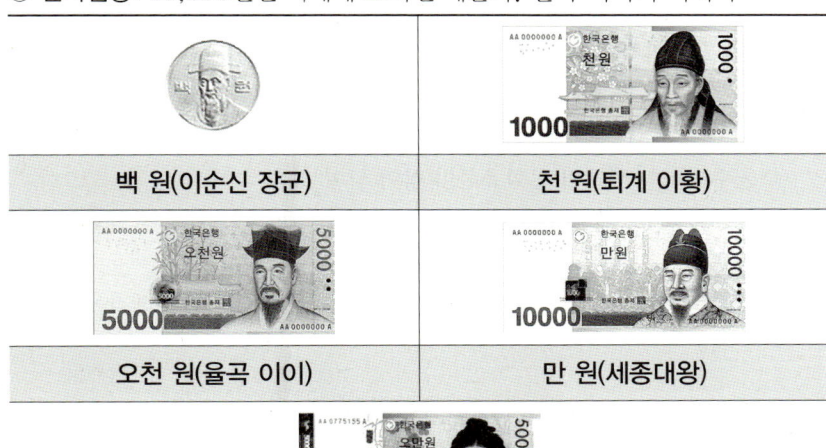

백 원(이순신 장군)	천 원(퇴계 이황)
오천 원(율곡 이이)	만 원(세종대왕)

오만 원(신사임당)

한국의 기후와 지형

1. 한국의 기후: 사계절(봄, 여름, 가을, 겨울)의 변화가 뚜렷

2. 한국의 지형
① 삼면이 바다로 둘러싸임(동해안은 해안선이 단조롭고, 서해안과 남해안은 해안선이 복잡함)
② 한반도 동쪽에는 산지가 많아서 높고, 서쪽에는 평야가 많고 낮은 ★동고서저의 지형

한국의 여러 지역

1. 수도권: 서울, 인천, 경기
① 서울특별시: 한국의 수도, 여러 분야의 중심지
② 인천광역시: 한국 최대의 국제공항(인천 국제공항)이 있는 제2의 항구 도시
③ 경기도: 여러 산업이 발달했으며 인구가 가장 많음

2. 충청 지역: 충청남·북도, 대전, 세종
① 공주, 부여: 백제의 문화유산이 많이 남아 있음
② 대전광역시: 대덕 연구단지(과학·기술), 1993년 '세계 박람회(EXPO)'로 유명
③ 세종특별자치시: 국토의 균형 발전과 수도권 인구 집중 해결을 위해 만든 도시

3. 전라 지역(호남 지역): 전라남·북도, 광주
① 식량 자원이 풍부해서 음식 문화가 발달
② 판소리, 민요 등의 전통문화도 잘 보존되어 있음
③ 광주광역시: 자동차, 첨단 산업, 가전제품 등 공업단지 발달

4. 경상 지역(영남 지역): 경상남·북도, 부산, 대구, 울산, 독도

　① 울산광역시: 한국 최대 중화학 공업 도시
　② 부산광역시: 한국에서 두 번째로 큰 도시, 제1무역항
　③ 독도: 한국의 가장 동쪽에 있는 섬

5. 강원 지역: 태백산맥을 중심으로 영동·영서 지방으로 나눌 수 있음

　① 자연 경관이 뛰어나서 관광지가 많음
　② 평창: 2018 동계올림픽 개최

6. 제주 지역: 제주도

　① 한국에서 가장 큰 섬
　② 한국에서 가장 높은 산인 한라산(1,950m)이 있음
　③ 유네스코 세계자연유산으로 지정

각 지역의 축제

지역	축제
수도권	서울 빛초롱 축제, 고양 국제 꽃 박람회, 강화 고려 인삼 축제, 이천 도자기 축제
충청 지역	보령 머드 축제, 백제 문화제, 대전 사이언스 페스티벌, 금산 인삼 축제
전라 지역	전주 세계 소리 축제, 광주 디자인 비엔날레, 남원 춘향제, 순천 남도음식문화 큰잔치
경상 지역	안동 국제 탈춤 페스티벌, 영덕 대게 축제, 대구 치맥 페스티벌, 부산 국제영화제, 진해 군항제, 진주 남강 유등 축제, 통영 한산 대첩 축제
강원 지역	평창 대관령 눈꽃 축제, 화천 산천어 축제, 횡성 한우 축제, 강릉 단오제
제주 지역	탐라 문화제, 성산 일출 축제

빈칸 채우기로 마무리!

빈칸에 알맞은 답을 써 넣으며 최종 점검을 해 볼까요? 틀렸거나 답을 적지 못한 문제는 <사전평가 단기완성>에서 답을 찾아 고쳐 봅시다.

한국의 상징, 가족 관계와 호칭어, 한국의 주거, 도시와 농촌

01 한국의 정식 국가명은 ☐☐☐☐이다.

02 한국의 국기는 ☐☐☐이다.

03 한국을 상징하는 노래는 ☐☐☐이다.

04 한국을 상징하는 꽃은 ☐☐☐이다.

05 한국의 문자는 ☐☐이고, 1443년에 세종대왕이 창제했다.

06 과거에 여러 세대가 함께 살던 가족의 형태를 ☐☐☐☐ 형태라고 한다.

07 현대에 부모와 미혼 자녀가 함께 사는 가족의 형태를 ☐☐☐ 형태라고 한다.

08 엄마의 여자 형제를 ☐☐라고 부른다.

09 아빠의 여자 형제를 ☐☐라고 부른다.

10 최근에는 혼자 사는 ☐☐ ☐☐가 증가하고 있다.

11 한국의 집은 과거에는 ☐☐☐이 많았지만 지금은 ☐☐☐이 많아졌다.

12 요즘 한국에서 가장 선호하는 집은 ☐☐☐이다.

13 ☐☐는 집주인에게 일정한 돈을 보증금으로 맡기고 집을 빌려 쓰는 것이다.

14 매달 집주인에게 일정한 돈을 내고 집이나 방을 빌려 쓰는 것을 ☐☐라고 한다.

15 집을 구할 때는 ☐☐☐ ☐☐☐☐(공인 중개사)를 통해 알아보는 것이 안전하다.

16 도시는 ☐☐☐이 잘 갖추어져 있고 교통이 ☐☐해서 생활하기 편리하다.

17 한국의 도시는 인구 증가로 ☐☐ 문제, ☐☐ 문제, ☐☐ ☐☐ 문제 등이 발생하고 있다.

18 산업화가 진행되면서 한국의 농촌은 인구가 많이 ☐☐했다.

> **정답** 01 대한민국 02 태극기 03 애국가 04 무궁화 05 한글 06 확대가족
> 07 핵가족 08 이모 09 고모 10 1인 가구 11 단독 주택, 공동 주택
> 12 아파트 13 전세 14 월세 15 부동산 중개업소 16 편의 시설, 발달
> 17 주택, 교통, 환경 오염 18 감소

한국의 복지, 출산과 보육, 한국의 교육

01 사회보험(4대 보험)에는 ☐☐☐☐, ☐☐☐☐, ☐☐☐☐, ☐☐☐☐☐☐☐이 있다.

02 ☐☐☐☐는 생활이 어려운 사람들의 기본적인 생활 수준을 보장하는 제도이다.

03 ☐☐☐☐☐☐는 다문화 가족, 여성 결혼 이민자에게 필요한 한국 생활 정보를 제공한다.

04 국민의 건강을 지키기 위해 전국의 각 시·군·구에 설치된 공공 의료 기관을 ☐☐☐라고 한다.

05 ☐☐☐☐☐☐로 임산부의 출산에 필요한 비용을 지원받을 수 있다.

06 ☐☐☐☐은 0세부터 만 5세(초등학교 입학 전)까지의 영유아를 보육하는 기관이다.

07 ☐☐☐은 만 3세부터 만 5세까지의 유아 교육을 담당한다.

08 한국에서는 초등학교(6년)와 중학교(3년) 과정이 ☐☐☐☐으로 정해져 있다.

09 한국에서는 좋은 대학을 졸업하면 취업, 임금, 결혼에서 유리하다. 그래서 대학 진학률과 ☐☐☐이 높다.

10 자녀들의 조기 유학 때문에 한국에 혼자 남아서 생활하는 ☐☐☐ 아빠·엄마가 생긴다.

> **정답** 01 건강보험, 고용보험, 국민연금, 산업재해보상보험 02 공공부조
> 03 다누리콜센터 04 보건소 05 국민행복카드 06 어린이집 07 유치원
> 08 의무교육 09 교육열 10 기러기

전통 의식주, 명절과 국경일

01 ☐☐은 옛날부터 전해 내려오는 한국의 전통 옷이다.

02 한국의 가장 대표적인 음식으로, 소금에 절인 채소에 양념을 버무려 발효시킨 것은 ☐☐이다.

03 한국의 전통 집인 한옥의 난방 시스템은 ☐☐이다.

04 한옥에는 여름에 더위를 피하기 위해 ☐☐☐☐를 만들었다.

05 한 해의 시작을 기념하는 한국의 대표적인 명절은 ☐☐이다.

06 설날에는 가족들이 모여 장수를 기원하는 의미가 있는 ☐☐을 함께 먹는다.

07 추석에는 ☐☐이라는 떡을 가족들과 함께 만들어 먹는다.

08 설날과 추석에는 조상을 생각하면서 ☐☐를 지낸다.

09 ☐☐☐은 대한민국의 독립을 바라는 마음으로 모든 국민이 만세를 부른 날이다.

10 ☐☐☐은 한국이 일본으로부터 독립하고 주권을 다시 찾은 날이다.

11 대한민국 헌법을 제정하고 공포한 것을 기념하는 날은 ☐☐☐이다.

12 부모님께 감사한 마음을 전하는 날은 □□□□이다.

13 □□□은 나라를 위해 싸우다가 죽은 사람들을 생각하며 감사하는 날이다.

> **정답** 01 한복 02 김치 03 온돌 04 대청마루 05 설날 06 떡국 07 송편
> 08 차례 09 삼일절 10 광복절 11 제헌절 12 어버이날 13 현충일

한국의 의례, 전통 가치와 연고, 한국의 대중문화, 한국의 종교

01 조상이 죽은 날이나 명절에 조상을 추모하는 의례를 □□라고 한다.

02 한국에서는 생일에 □□□을 먹는다. 요즘은 생일에 케이크도 먹는다.

03 아기의 첫 번째 생일에는 □□□를 한다.

04 61번째 생일을 □□ 또는 □□이라고 한다.

05 한국에서는 부모를 공경하고 기쁘게 해 드리는 □를 중시한다.

06 가족이나 친족 관계 등으로 맺어진 인연을 □□이라고 한다.

07 같은 고향이나 출신 지역으로 맺어진 인연을 □□이라고 한다.

08 같은 학교 출신으로 맺어진 인연을 □□이라고 한다.

09 이웃과 서로 도우며 살아가는 것을 □□□□라고 한다.

10 한국에서는 여러 스포츠 중에 □□와 □□가 가장 인기 있다.

11 한국의 문화가 아시아를 시작으로 전 세계에 확산되는 현상을 □□라고 한다.

12 한국 문화 중에서 특히 □□□와 K-pop이 인기가 많다.

13 □□는 한국에서 가장 오래된 외래 종교로 절, 탑, 불상 등 많은 문화유산을 남겼다.

14 지금도 한국은 □□의 영향을 받아 효와 예절을 중요하게 생각하는 문화가 남아 있다.

15 ☐☐☐는 19세기에 서양의 선교사를 통해 한국에 전파되었고 근대 교육과 보건에 큰 영향을 주었다.

16 한국에서는 ☐☐☐☐☐(음 4/8)과 ☐☐☐(양 12/25)이 공휴일로 지정되어 있다.

> **정답** 01 제사   02 미역국   03 돌잔치   04 환갑, 회갑   05 효   06 혈연   07 지연
> 08 학연   09 상부상조   10 야구, 축구   11 한류   12 드라마   13 불교   14 유교
> 15 개신교   16 석가탄신일, 성탄절

한국의 정치와 민주주의, 한국의 선거

01 대한민국은 ☐☐☐☐에 바탕을 둔 공화국이다.

02 대한민국의 권력을 3개 기관으로 나눈 것을 '☐☐☐☐의 원칙'이라고 한다.

03 국민 생활에 필요한 법을 만드는 곳은 ☐☐(입법부)이다.

04 법을 해석하고 적용하여 분쟁을 해결하는 곳은 ☐☐(사법부)이다.

05 정책을 직접 집행하면서 나라의 살림을 이끌어 가는 곳은 ☐☐(행정부)이다.

06 ☐☐ 선거: 모든 사람이 똑같이 한 표씩 투표한다.

07 ☐☐ 선거: 만 18세 이상이면 누구나 투표에 참여할 수 있다.

08 ☐☐ 선거: 다른 사람이 대신 투표할 수 없고 자기가 투표해야 한다.

09 ☐☐ 선거: 어느 후보나 정당을 선택했는지 말하지 않을 권리가 있다.

10 대통령 선거는 ☐년에 한 번 실시하고, 한 사람이 두 번(중임) 할 수 없다.

11 국회의원 총선거와 지방선거는 ☐년에 한 번 실시한다.

> **정답** 01 민주주의 02 삼권분립(권력분립) 03 국회 04 법원 05 정부 06 평등
> 07 보통 08 직접 09 비밀 10 5 11 4

한국의 국제 관계, 한국의 경제 성장, 한국의 금융기관

01 1950년 6월 25일에 ☐☐☐☐이 시작됐다.

02 ☐☐은 남한의 우방 국가로서 군사적·경제적·정치적으로 한국과 긴밀한 관계를 맺고 있다.

03 ☐☐은 현재 한국의 최대 교역국이고 역사적으로 한국에 많은 영향을 줬다.

04 ☐☐은 과거에 한국을 식민지로 지배해서 갈등이 아직 남아 있으나, 문화·경제 교류가 활발하다.

05 짧은 시간 동안 한국 경제가 아주 빨리 성장한 것을 '☐☐☐ ☐☐'이라고 한다.

06 한국의 산업 구조는 ☐☐☐과 ☐☐☐☐이 주축을 이루고 있다.

07 잘 살아보겠다는 한국인의 ☐☐와 ☐☐, 그리고 한국의 높은 ☐☐☐ 덕분에 한국 경제가 빠르게 성장할 수 있었다.

08 한국은 2009년에 경제협력개발기구(OECD)의 ☐☐☐☐☐☐☐(DAC) 회원국으로 결정되어 세계 최초로 도움을 받던 나라에서 도움을 주는 나라가 되었다.

09 신한은행, 국민은행, 하나은행 등의 ☐☐은행은 전국 곳곳에 지점이 많이 설치되어 있어 이용이 편리하다.

10 금융☐☐☐는 모든 금융 거래를 본인의 이름으로 해야 하는 제도이다.

11 예금자 보호 제도는 원금과 이자를 합쳐 금융기관별로 1인당 최대 ☐☐☐ 원까지 보장해 준다.

> **정답** 01 한국전쟁 02 미국 03 중국 04 일본 05 한강의 기적 06 제조업, 서비스업
> 07 의지, 노력, 교육열 08 개발원조위원회 09 시중 10 실명제 11 5천만

외국인의 권리와 의무, 한국의 생활 법률

01 외국인이 한국에 입국하기 위해서는 ☐☐과 ☐☐가 필요하다.

02 90일을 초과하여 한국에 체류하기 위해서는 ☐☐☐☐☐을 해야 한다.

03 ☐☐☐ 관리법은 외국인을 대상으로 하는 특별한 법률이다.

04 돈을 빌려주거나 빌릴 때 ☐☐☐을 작성하는 것이 좋다.

05 부동산을 계약할 때는 계약서, ☐☐☐ 등본을 잘 확인해야 한다.

06 한국에서는 만 ☐세 이상이 되어야 결혼할 수 있다.

07 법적으로 부부가 되려면 시청, 구청, 군청 등에 ☐☐☐☐를 해야 한다.

08 부부가 이혼을 원하면 ☐☐법원에 가서 확인을 받아야 한다.

> **정답** 01 여권, 비자 02 외국인 등록 03 출입국 04 차용증 05 등기부 06 18
> 07 혼인 신고 08 가정

한국의 역사, 한국의 역사적 인물

01 한국 최초의 국가는 ☐☐☐이다.

02 삼국 시대는 ☐☐, ☐☐☐, ☐☐가 경쟁하던 시대이다.

03 통일 신라의 수도는 ☐☐(서라벌)였다.

04 고려 시대의 아름다운 도자기 ☐☐☐☐는 고유한 색과 모양으로 유명하다.

05 조선은 ☐☐를 정치 이념으로 했다.

06 ☐☐☐☐은 많은 과학 기구를 발명했고, 1443년에 한글을 창제했다.

07 19세기 말 흥선대원군은 다른 나라와 교류하지 않는 ☐☐ 정책을 폈다.

08 1910년 한국(대한제국)은 일본에게 ☐☐을 빼앗겼다.

09 일제 강점기에 한국인들은 끊임없이 ☐☐☐☐을 했다.

10 ☐☐☐ 장군은 일본이 조선을 침략했을 때 나라를 구한 영웅이다.

11 ☐☐☐은 1919년에 3·1 운동을 이끌었다.

12 ☐☐☐은 제주도의 백성들이 굶어 죽지 않도록 도와주었다.

13 한국의 오만 원권 지폐에는 ☐☐☐☐이 그려져 있다.

> **정답** 01 고조선 02 백제, 고구려, 신라 03 경주 04 고려청자 05 유교
> 06 세종대왕 07 쇄국(배외) 08 주권 09 독립운동 10 이순신 11 유관순
> 12 김만덕 13 신사임당

한국의 기후와 지형, 한국의 여러 지역

01 '동☐서☐'는 동쪽은 높고 서쪽은 낮은 한국 지형의 특징을 나타내는 말이다.

02 한국은 북쪽을 제외한 동쪽, 서쪽, 남쪽 이렇게 ☐☐이 바다로 둘러싸여 있다.

03 ☐해안은 해안선이 단조롭고, ☐해안과 ☐해안은 해안선이 복잡하다.

04 서울은 한국의 ☐☐로 정치·경제·문화·역사의 중심지이다.

05 ☐☐☐는 전국에서 인구가 가장 많은 곳이다.

06 충청 지역은 충청북도, 충청남도, 대전광역시 그리고 ☐☐☐☐☐☐☐로 구성되어 있다.

07 전라 지역은 ☐☐ ☐☐이라고도 부르는데 ☐☐ 문화가 크게 발달했고 판소리, 민요 등과 같은 ☐☐문화도 잘 보존되어 있다.

08 경상 지역은 경주를 중심으로 한 ☐☐ 문화유산과 안동을 중심으로 한 ☐☐ 문화유산이 잘 보존되어 있다.

09 강원 지역은 아름다운 자연 경관 덕분에 ☐☐☐가 많다.

10 제주 지역은 대부분의 외국인이 ☐☐ 없이 방문할 수 있다.

정답 01 고, 저 02 삼면 03 동, 서, 남 04 수도 05 경기도 06 세종특별자치시 07 호남 지역, 음식, 전통 08 불교, 유교 09 관광지 10 비자

헷갈리거나 자주 틀리는 내용을 쏙쏙 암기 노트에 적어 나만의 핵심 요약집을 완성해 보세요!